传统企业电商之道

苏静 翟旭君 著

電子工業出版社
Publishing House of Electronics Industry
北京•BEIJING

内 容 简 介

本书是作者二十多年传统营销经验和多年电商实践经验的总结，旨在为传统企业展现一条清晰的电商发展思路，扫清发展道路上的障碍。全书从传统企业启动电子商务应从战略规划开始讲起，以实战的角度，阐述如何定位，如何建立电商管理体系，如何做营销管理和分销等一系列内容。相信本书能成为传统企业开展电商业务的行动指南。

本书适合做电子商务的传统企业家、电商创业者以及电子商务公司的中高层领导参考阅读。

图书在版编目（CIP）数据

传统企业电商之道/苏静，翟旭君著. —北京：电子工业出版社，2013.1
ISBN 978-7-121-18526-7

Ⅰ. ①传… Ⅱ. ①苏… ②翟… Ⅲ. ①电子商务－商业经营 Ⅳ. ①F713.36

中国版本图书馆 CIP 数据核字（2012）第 222543 号

策划编辑：林瑞和
责任编辑：刘　舫
印　　刷：北京虎彩文化传播有限公司
装　　订：北京虎彩文化传播有限公司
出版发行：电子工业出版社
北京市海淀区万寿路 173 信箱　邮编：100036
开　　本：787×980　1/16　印张：15.5　字数：273 千字
版　　次：2013 年 1 月第 1 版
印　　次：2021 年 9 月第11次印刷
定　　价：39.00 元

凡所购买电子工业出版社图书有缺损问题，请向购买书店调换。若书店售缺，请与本社发行部联系，联系及邮购电话：（010）88254888，88258888。

质量投诉请发邮件至 zlts@phei.com.cn，盗版侵权举报请发邮件至 dbqq@phei.com.cn。

本书咨询联系方式：010-51260888-819，faq@phei.com.cn。

作者简介

苏静　suphia

资深营销专家、职业培训师、国际品牌管理机构授权品牌管理师。

从事服装行业营销及品牌管理二十多年，先后在多家著名的服装企业担任总经理、总经理助理、副总经理、营销总监、品牌总监、直营总监等职务。

2006 年入选“中国最具影响力营销人 100 强”。

苏老师跟随中国服装行业一同成长，23 年行业经验的积累，在服装品牌的全面运作管理、营销通路的建设，商品管理体系及品牌管理等方面具有丰富的实战经验并运作了多个成功的案例。

擅长服装品牌战略的制订、商品运营管理体系的建设与完善、零售终端管理及零售支持体系的培训。

多年积累的实战经验，独创了“以商品管理为核心的快速赢利模式”。

曾服务的企业

劲霸男装、九牧王、斯舒郎、威兰西女裤、厦门信达、HI-TEC、贵人鸟、浪漫宣言、万杰隆、琪乐、百威、惠特鞋业、正大集团等企业。

成功案例

英国 HI-TEC 品牌进入中国市场定位。

九牧王“西裤专家”的品牌定位及管理。

劲霸男装的品牌管理与建设。

正大摇摆鞋的定位。

前　　言

在为一些传统企业做营销咨询服务的同时，经常会有企业主与我探讨如何开展电子商务（简称电商）业务。

让我感触最深的是，一个线下销售超过十亿元的休闲鞋品牌企业，老板与我谈起电子商务时很坚定地说："电子商务我不懂，所以我不做，以后也不会做。"态度很是坚决，我简直不敢相信如火如荼的电子商务热潮，居然丝毫没有影响到他。经过长谈后了解，他并不是不知道电子商务的重要性，也不是不想做，而是不知道如何有效地去开展企业的电子商务。其实他还是传统企业里电子商务的先行者，早在2009年初他就组建过电子商务部门，但是由于不了解电子商务，凭着在传统营销环境里的经验莽撞地冲了进去，结果受到伤害，从而对互联网失去了信心。

后来，不管是在与已经开展电子商务还是准备开展电子商务的传统企业主的交流过程中，我都深刻地体会到传统企业对该怎么发展电子商务有太多的困惑，尽管如此，还是有很大一部分企业非常渴求开展电子商务。然而意识观念改变难题、组织架构体制难题、专业水准缺陷难题、人才团队建设难题等，始终横跨在传统企业眼前，让很多企业主束手无策。

目前市场上关于电子商务的图书多为淘宝网运营的研究，或者只是从企业发展的战略高度、从理论上告诉传统企业电子商务的重要性和市场机会，始终缺乏一本在认知上与实际操作上能够指导传统企业特别是中小企业发展电子商务的工具型丛书。

我们清楚地看到网络时代给我们的工作和生活带来了前所未有的改变，数字化和信息化的生存模式以及工业生产革命，使整个世界的经济面临新的机遇和挑战。特别是电子商务的出现，极大地改变了社会经济的运作模式，在变革现有社会价值结构过程中创造着新的社会价值。而电子商务与传统产业的结合，在使电子商务实际应用走向深化的同时，必将为传统产业的发展带来生机与活力。

电子商务是未来企业竞争中非常重要的一环，企业要打造核心竞争力，那么电子商务将起着越来越重要的作用。未来，它会是绝大部分传统企业的“企业标配”，试想“传统企业”+“电子商务”这样的组合将会创造出多大的能量。

中国的电子商务起步较晚，传统企业启动电子商务更是近几年才开始的事。传统企业对于如何发展电子商务不论是意识上还是从操作上都没有清晰的思路，还处于磕磕绊绊的摸索阶段。千万元的投入最终却无果折戟的例子屡见不鲜。这严重打击着传统企业开展电子商务的信心，也阻碍着中国电子商务的发展。

针对这样的现状，我决心整合电子商务各层面较核心的知识并结合自己多年传统营销经验和电子商务实践经验，将其付诸文字与图表，希望能够在电商领域广泛传播，为传统企业开展电子商务展开一条清晰的操作思路，帮助其健康、有序地发展电子商务，为中国的电子商务发展略尽绵力。

本书分为 5 个章节和 1 个附录。第 1 章在对中国的电子商务发展历程做简单的阐述后快速进入本书的核心内容。第 2 章阐述传统企业启动电子商务的战略规划，包括品牌定位和运营模式定位等。第 3 章则是分析建立电子商务体系，如品牌管理体系、营销管理体系、商品管理体系、数据化管理体系等。第 4 章的核心内容就是具体的营销推广和分销内容。第 5 章的主要目的是为传统企业开展电子商务活动提出了一些指导性的方法，其中有些是自己亲身经历过的“安全方式”。附录部分是一本管理手册，是经过验证的实战型的内容，自建团队的传统企业可以借鉴管理自己公司的电商团队，让传统企业在快速进入电商行业中也能够快速了解并管理好电商团队。

为了避免与其他同类书籍同质化，本书在内容上进行了很好的规划，砍去了大部分理论内容，大量结合图、表来展示内容，图是核心内容的展现，文是解释与思路阐述，表是实际操作过程的应用。

这样的组合，主要考虑到以下 3 个原因：

1．能让书本简洁明了、更易读。

2．注重实操性。

3．如果你不懂如何操作，那么你还可以直接截取应用部分作为企业的参考资料。

我相信，通过阅读本书，传统企业能够收获到需要的知识，能够真正帮助其解决一些问题。也希望更多的有识之士能够出来相互交流，分享各自的经验与思想，以推动整个行业快速发展。

本书能够顺利出版，要感谢很多支持并帮助我的朋友。感谢我的助手郭燕旭，辅助我制作众多的图表，感谢正大集团福建腾逸商贸有限公司的郭杰清总经理、陈钱小姐，中亿网络的张少华先生，红地轻工的营销总监乔峰女士经常和我交流电商心得，让本书的实用性更强。感谢电子工业出版社的林瑞和先生鼓励我完成这本书。最后要感谢众多支持我写书的朋友，是你们的支持让我一直有动力完成这本书。谢谢！

苏　静

2012 年 6 月

马云：传统企业用传统的眼光看互联网，互联网企业用互联网的眼光看传统企业。传统企业做电子商务，开始多是凭经验、凭想象介入，会因为自己有什么优势就去做什么，一相情愿地认为有了这些优势支撑，做电子商务一样能成功。这并不是电子商务，只是基于原有基础上的改造。互联网的特性就是创新，并不是实体到互联网的复制，在互联网上，创新者才有机会。

目　　录

第 1 章

电子商务给传统企业带来的机遇

电子商务这一新型营销模式的出现，改变了传统企业的商务模式，为传统企业带来了新的商机，同时为企业的创新发展注入了新的活力，比尔·盖茨说：“进入21世纪，如果你还不走进电子商务，未来将无商可务。”

第一节　中国电子商务发展历程

自从 1997 年 7 月美国政府正式发布“全球电子商务政策框架”以来，在全球范围内掀起了电子商务的热潮。电子商务日益成为 21 世纪经济活动的核心，它是未来推动经济增长的关键动力。

1997 年，中国化工信息网正式提供服务，成为全国第一个行业门户网站。

1998 年 12 月，阿里巴巴正式在开曼群岛注册成立，次年的 3 月其子公司阿里巴巴中国在杭州创建。

1999 年年初，数字化的布道者尼葛洛庞帝来到了中国，不失时机地指出了席卷全球的电子商务浪潮：“我预计到 2000 年，电子商务市场是个 1 万亿美元的市场，这个数目比人们估计的数目多 5 倍。”此时，在中国互联网肥沃的土地上，这一领域刚刚开垦。

1999 年 5 月，老榕（王峻涛）创办了中国第一家在线销售软件图书的 B2C 网站，创始人为这个新生儿取了一个颇具象征意义的名字——8848。以珠穆朗玛峰这座山峰的高度取名，显示了老榕试图在电子商务领域一霸天下的雄心。

1999 年 6 月，4 位来自不同行业的旅游迷——沈南鹏、梁建章、季琦、范敏创办了提供网上销售机票和酒店预订服务的携程网。

1999 年 8 月，邵亦波在上海开办了中国的第一家 C2C 网站——易趣。

1999 年 11 月，在图书出版行业摸爬滚打了 10 年的李国庆和他的妻子俞渝创建了中国第一家网上书店——当当网。

2000 年和 2001 年在互联网泡沫破灭的大前提下，电子商务的发展也受到严重影响。互联网企业经历着冰与火的考验，你可能在早上醒来时发现自己坐在财富的巅峰，也可能今夜睡去时就永远被市场抛弃，这就是互联网的力量。

2000 年下半年，马云说："我熬也要熬过这个冬天，我爬也要爬过去，跪着也要活下来"。

8848 赴美上市一波三折，转型之风裹挟企业人士变动之雨，这个在一定程度上扮演着中国电子商务代言人角色的企业，给互联网世界留下了太多的遗憾。

2003 年 5 月，阿里巴巴投资 1 亿元人民币推出个人网上交易（C2C）平台——淘宝网。然而淘宝网从诞生之日起就遭到 C2C 巨头易趣的封杀。eBay（易趣）公司 CEO 惠特曼曾预言要让淘宝网"在 18 个月内夭折"。

"战争"的启动是以几则具有挑衅性的广告语开始的——"要淘宝，到易趣"，这是易趣 2003 年在谷歌、百度做的广告。不久，淘宝网做出反击，易趣网上也出现了"淘宝贝，开店铺，生活好享受"的广告。

2004 年，京东开始涉足电子商务，同时有着非常良好的用户资源的腾讯 QQ，也开始跃跃欲试，启动了拍拍购物网。

淘宝网 2004 年 9 月 21 日公布的交易数据显示，8 月份全月的交易额达到 1.2 亿元人民币，9 月份的单日交易额已达到 700 万元人民币。而国内 C2C 市场的另一巨头——易趣，二季度公布的业绩表明，其每个月交易额为 1.6 亿元人民币。

2005 年 12 月 7 日，业内知名咨询机构易观国际发布报告称，在中国 C2C 市场上，淘宝网占据了 57.10%的市场份额，而 eBay 中国的这一数字为 34.19%。淘宝网处于绝对领先地位。

第二节　蜂拥而至的淘金客

2006 年腾讯拍拍网正式运营，依托 10 亿 QQ 用户的庞大资源，搭建网购平台。

2007 年 9 月 15 日的网商大会上，马云语出惊人："未来我们将投资 100 亿打造电子商务生态链"。"100 亿"和"电子商务生态链"这两个关键词，为传统企业的 B2C 商业模式的出世埋下了伏笔。

同年，线下叱咤风云的女鞋领导品牌达芙妮率先与淘宝网联手，在淘宝网上开设旗舰店，开创了国内线下品牌触网 B2C 的先河。

2007 年 7 月，京东建成北京、上海、广州三大物流体系，这一年，刘强东将京东商城做得有声有色。

2007 年，PPG[①]如一阵旋风席卷网络销售，整个行业都受到了电子商务带来的震动，虽然后来 PPG 失败了，但 PPG 的商业模式并没有失败。PPG 的出现，教育了中国的传统企业，原来电子商务可以这么做。而今 PPG 商业模式的后继者凡客诚品已成为中国最大的互联网服装销售品牌。

与报喜鸟请来了雅虎中国前总裁田健大张旗鼓进军电子商务领域相比，李宁踏上电子商务这一步就显得无声无息了。2008 年 4 月，李宁只是尝试性地在淘宝商城开了一个直营网店，开始了它的电商之路。

2009 年，不断有企业宣布成立电子商务部门，组建新渠道的运营团队。家电企业格兰仕的电子商务部门也开始正式运作，服装品牌七匹狼将 2009 年作为发展电子商务的一个"关键年头"。一时间，线下企业纷纷加入了网商的狂欢。

---

① PPG 是国内网络服装直销模式的开创者，产品依靠 OEM 代工，销售依靠呼叫中心，是摆脱繁重累赘的庞大制造业的"轻公司"模式。

2010 年伊始，京东商城几手大动作，让竞争对手们的神经紧绷。这一年，刘强东的目标是打造销售额百亿的大型 B2C 网购平台——京东商城。

2010 年 9 月 8 日，腾讯拍拍网在广州举行大型招商会，全面招募优秀品牌及生产厂家加盟拍拍平台。拍拍网以 QQ 商城和“官”字认证店铺作为拍拍网的两大核心平台为品牌企业 B2C 服务。

2010 年 8 月，李嘉诚旗下的 TOM 集团与中国邮政共同成立合资公司，凭借多年的电子商务经验，依托全球覆盖最广的终端物流网络，启动 B2C 购物网站“邮乐网”。

在传统商业模式高成本竞争背景下，全球领先运动品牌阿迪达斯也加速了进军电子商务的步伐。2010 年 8 月 16 日，阿迪达斯与淘宝网联合宣布，双方达成战略合作，阿迪达斯淘宝官方旗舰店同日正式开启。显然，阿迪达斯也想借淘宝网抢占中国网购市场。

随着网购主流化进程的加速，消费者的需求也逐渐表现出多样化的趋势。对于部分消费者来说，除了从淘宝集市提供的上亿件商品中享受淘宝的乐趣外，还需要专业市场提供更加高品质的保障，比如说更好的品质，更好的服务等。正如，马云口中的“100 亿”和“电子商务生态链”。2008 年，淘宝网强势推出了淘宝商城（后改名“天猫”），意图整合传统品牌厂商，以传统品牌企业作为商城的主力军，这为传统企业进驻 B2C 吹响了号角。不少先知先觉的传统企业，如宁波的 GXG、福建的九牧王、匹克等线下巨无霸借淘宝商城这个平台快速抢注电商行业。

受电商火热的大环境影响，百丽、苏宁、美特斯·邦威等线下巨头，也纷纷开始发力，迅速进军电子商务。2010 年 12 月，已经夯实了传统渠道的美特斯·邦威服饰开始将产品推向 B2C，推出线上商城“邦购网”。而鞋业大鳄百丽也是投入巨资建立了“优购网”。这些传统线下巨头想借此尽早确立自己在电子商务行业的地位，希望在电商领域能成为行业领导品牌。

2010 年第 1 季度电子商务市场整体交易额规模破万亿，中小企业 B2C 交易份额过半，网购实物类交易份额达 10.1%。中国电子商务市场交易额细分行业构成如图 1-1 所示。

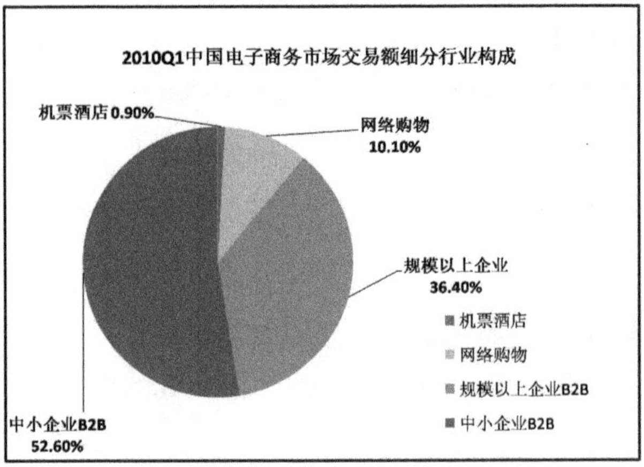

图 1-1　2010 年第一季度中国电子商务市场交易额细分行业构成

2011 年是国内 B2C 市场全面爆发的一年，诸多 B2C 网站开疆辟土。京东商城涉足日用百货、图书音像、奢侈品等领域，亚马逊中国、当当网持续推进百货化，苏宁易购也从主营家电数码向图书、百货拓展。

面对竞争对手的步步紧逼，阿里巴巴旗下的 B2C 平台——淘宝商城选择的是与“淘宝网”划清界线，力求改变公众心中淘宝网低价的主观印象，提高商家入驻门槛，整合传统强势品牌。为此，2011 年 11 月 1 日，淘宝商城宣布正式启动独立域名（www.tmall.com），并对外公布，未来 3 个月内将投入 2 亿元人民币，大力推广淘宝商城品牌。根据淘宝网公布的消息，淘宝商城将在坚持整体平台化运营的基础上，根据商品的不同特点为消费者提供个性化消费导航服务；打造分行业垂直市场，并在后端通过整合物流供应链，集成物流信息，建立细分行业的物流服务标准和流程。

同年，优衣库和杰克琼斯开始涉水 B2C，进驻淘宝商城，更是引爆了传统品牌扎堆进军电子商务行业的热潮。

2011 年 11 月 11 日淘宝商城全场 5 折促销，创造了十个商家单日单店销售超过千万元的奇迹。淘宝效应清楚地告诉我们：新渠道将改变传统品牌的产销模式。

2012 年 1 月 11 日，淘宝商城在北京举行战略发布会，正式将中文品牌“淘宝商城”

更名为“天猫”，作为全力打造的品质之城。鼓励传统品牌企业为消费者提供高品质的商品和服务，同时旗帜鲜明地反对假货、反对低品质的商品，反对一切低价恶性竞争行为。天猫首页如图 1-2 所示。

图 1-2　天猫首页

综上所述，中国电子商务发展史如图 1-3 所示。

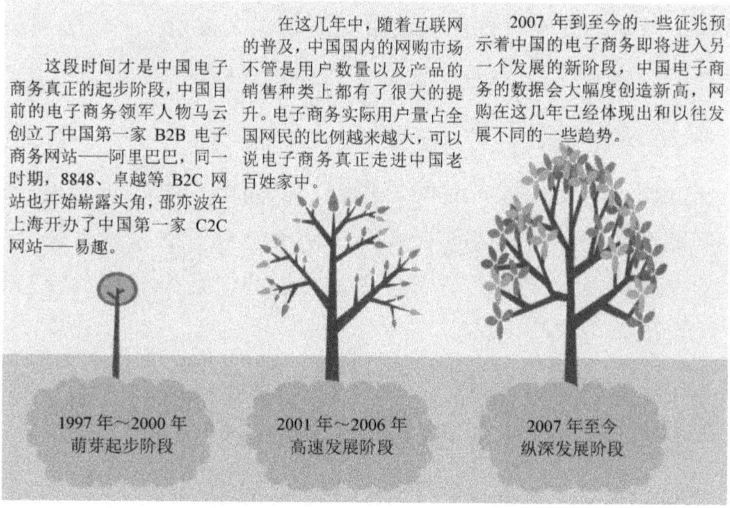

图 1-3　中国电子商务发展史

第三节 传统企业应用电子商务将会是大势所趋

2008 年以来，受全球金融危机蔓延深化的影响，我国多数行业都遭受了不同程度的冲击，但网络零售的电子商务行业发展却一路繁荣，成为危机背景下的一个亮点。为了推动经济快速回升，各地纷纷出台相关政策，规范和鼓励网上零售市场的发展，致力于将电子商务培植成为后金融危机时期的经济增长点。

自商务部 2009 年发布了《关于加快流通领域电子商务发展的意见》之后，许多地方政府开始有针对性地推出了扶持本地企业发展电子商务的政策。

例如：在品牌企业集中的福建，省政府从 2011 年省级工商发展资金中安排 1000 万元企业应用电子商务开拓市场专项资金，用于扶持福建省规模以上企业使用阿里巴巴旗下的“出口通”、“淘宝商城”服务和开展闽货电子商务推广活动，政府的出资扶持，进一步推动了电子商务发展的速度。图 1-4 为福建省电子商务扶持政策的截图。

正如马云所说：当变革来临时，我们该做的不是怎么去抵抗，不是规避厉害保全自己，而是适时把握趋势，拥抱变化。

电子商务作为一种新型商务行为，将生产企业、流通企业以及消费者带入了一个数字化的虚拟空间。使人们不再受地域、时间的限制，以简单、快捷的方式完成较为复杂的商务活动。它将人工操作和电子信息处理合成为一个不可分割的整体，优化了资源配置，提高了商务系统运行的严密性和效率；不仅改变了人们的消费习惯和消费方式，还改变了传统商务产业链的经营运作方式。

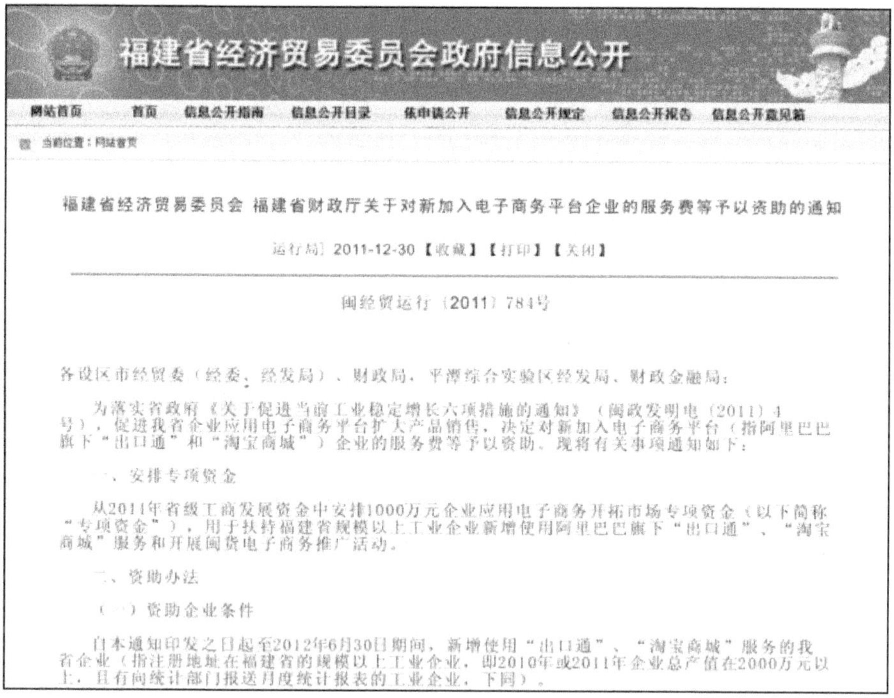
福建省经济贸易委员会政府信息公开

网站首页　首页　信息公开指南　信息公开目录　依申请公开　信息公开规定　信息公开报告　信息公开意见箱

当前位置：网站首页

福建省经济贸易委员会 福建省财政厅关于对新加入电子商务平台企业的服务费等予以资助的通知

运行局] 2011-12-30【收藏】【打印】【关闭】

闽经贸运行〔2011〕784号

各设区市经贸委（经委、经发局）、财政局，平潭综合实验区经发局、财政金融局：

为落实省政府《关于促进当前工业稳定增长六项措施的通知》（闽政发明电〔2011〕4号），促进我省企业应用电子商务平台扩大产品销售，决定对新加入电子商务平台（指阿里巴巴旗下“出口通”和“淘宝商城”）企业的服务费等予以资助。现将有关事项通知如下：

一、安排专项资金

从2011年省级工商发展资金中安排1000万元企业应用电子商务开拓市场专项资金（以下简称“专项资金”），用于扶持福建省规模以上工业企业新增使用阿里巴巴旗下“出口通”、“淘宝商城”服务和开展闽货电子商务推广活动。

二、资助办法

（一）资助企业条件

自本通知印发之日起至2012年6月30日期间，新增使用“出口通”、“淘宝商城”服务的我省企业（指注册地址在福建省的规模以上工业企业，即2010年或2011年企业总产值在2000万元以上，且有向统计部门报送月度统计报表的工业企业，下同）。

图 1-4　福建省电子商务扶持政策

对于传统企业来说，今天不投入，好像对销量的损失不大，但事实上损失的是一个市场。随着小熊电器、金泰昌洗脚盆、贝尔莱德挂烫机这样的网络品牌不断崛起，原属于传统品牌商的市场将会被这些伴随网络而生长起来的商品瓜分，今天失去一个订单，失去一个顾客，明天失去的可能就是市场份额，就如温州人说的：“我多卖一个产品，你就少一次生存的机会”。

传统品牌营销走的是以实力占据优质资源，渠道为王、终端为王。高店租、高人工、高成本对于发展中的中小企业来讲，是发展瓶颈和利润吞噬机。PPG 的 B2C 模式无论成功与否，更为重要的是这种商业模式的出现对于传统营销环境具有巨大的冲击意义。它冲击了传统渠道里由那些强势品牌、资金雄厚的大企业筑起的堤坝，营造出了一个新的、公平的、随时可能出现奇迹的商业生态圈。然而，机遇与挑战是并存的，电子商务对传统品牌企业造成的内外变革，无论是供应链的改造还是更直接地接触消费者，都将可能成为其快速成长的开始，进而突破企业的发展瓶颈，进入一个新的发展期。

对于传统企业来讲，今天的网络销售与十多年前的连锁零售有相似之处。新的零售业态代表着新的生活方式和购物需求。对于传统企业而言，电子商务的出现，很大的一个作用就是可以节约时间、节约成本，提高企业产出效率。在传统模式下，传统企业深受资金链过长、地域限制等条件的制约，不能最大程度地扩大市场占有率，而电子商务恰恰能够帮助他们实现低成本的“货通天下”。所以传统企业涉足电子商务不仅是企业自身变革的需求，还是整个行业和终端用户的共同需求。

对于消费者来说，SPMAIL[②]所提供的物品品类满足了消费者一站式购齐所需的服务需求，方便了消费者的生活。但如今越来越多的消费者希望足不出户，轻点鼠标就能购物，消费者的需求正在改变。其次，网购减少了消费者的隐性成本。当传统购物渠道的隐性成本大于网购时，就会导致一部分用户选择网购渠道，这也是网购市场快速发展的一个重要原因。

例如：我每次去丰泽广场的新华都购物，开车需要经过 8 个路口，8 个红绿灯，行程大约 30 多分钟，来回路程就需要一个多小时，如果中途遇到堵车，所需时间就更长。

丰泽广场有免费停车场，但经常会客满，不能保证每次都能顺利地找到停车位，为找车位而在路边徘徊。在购物过程中我提着自备的购物袋，像走迷宫一样绕出商家精心设计出来的“最佳路线”(因为超市需要消费者尽可能长时间地停留在卖场里以便产生更多的购物机会，因此都会精心设计卖场路线，通常是 Z 字形)。每次都要花不少的时间去寻找自己需要的东西，因为货架经常变动，我无法直奔目标，超市也无法提供“搜索功能”。在逛超市的同时还不得不忍受因客流太大而产生的污浊空气以及各种噪声。结账时需排长长的队，通常要排 15 分钟甚至更久。来回约 12～14 公里，16 次经过红绿灯，因为是在市区，太多的红绿灯，所以百公里油耗比较多，12～14 公里就是约 8～10 元左右的油费。一个周末的半天就这样消耗在购买生活用品上了，而且，因为环境差所以你会觉得很累，外加汽油费

② SPMALL：综合商场或购物中心。

（车辆磨损就不计）——这些我们通常都不会计算在购物成本当中，因而被我称为隐性成本。而通过网络购物渠道只需要花一个小时甚至更少时间就能全部搞定，余下时间可以听听音乐，喝喝茶或者约上朋友一起出去郊游。

基于以上原因，除了急用或生鲜食品，我已经很少去超市，包括大米和油等我都采用网购。网络购物的另一个好处就是可以送货上门，只要消费到一定的金额，卖家会免运费送货上门，不需要支付在传统购物渠道中的隐性成本。如果在外打拼的你想送父母东西，而自己没有时间将东西送到他们跟前。这时，就可以通过网购让商家替你将礼物送到父母跟前，这样不仅解放了你，也让父母随时都能感受到远在他乡的孩子的孝心。这就是网购为消费者提供的“价值”，也是网购人群越来越多的重要原因。

传统的营销模式是单向的，消费者到商场买东西，就算买到一些不好的东西，只要损失不大，基本上是懒得再回到商场反馈这个产品的相关信息的。这就导致商家对产品市场被接受情况获取很滞后。而电子商务则不同，电子商务能为企业提供高度数据化管理：什么产品畅销？什么产品滞销？什么样的价格区间的产品适合消费者等信息都能在第一时间得到反馈。它将颠覆传统行业先设计生产再推向市场的营销模式。利用灵活的供应链，让企业能够快速跟上消费者需求，既提供充足的畅销产品，又能够将滞销产品快速地更新换代。

电子商务还给传统企业带来了快速反馈机制，能够即时反馈出客户的喜好。例如消费者在天猫买东西，好、坏都会有个评价，这有助于商家了解产品自身存在的优缺点以及消费者的实际需求，能及时进行有针对性的调整，从而使营销管理者在市场调研、产品设计、生产到服务的一系列营销环节中与消费者保持密切联系。这种互动的营销手段更加以消费者为中心，甚至消费者还可以参与设计生产过程。通过电子商务的反馈机制使企业更容易生产出更畅销、更符合消费需求的产品和服务。

电子商务引发的是一个超越与被超越的时代，传统企业发展电子商务是一股不可逆的潮流，而且凭借传统实体的供应链资源和独特优势，必定会逐渐成为电子商务市场的主角。

消费者对品牌的高度认知和线下实体销售模式给消费者带来的是信任，和由信任产生的购买力，这点在淘宝网销售排行榜上已经获得证实，在淘宝网销售排行榜位列前三甲的品牌大都是有线下实体店的强势品牌。

第四节　我国电子商务市场规模

2011 年 7 月 6 日，中国电子商务协会数字服务中心在北京发布了《2011 年中国电子商务行业研究报告》，报告显示，网购已成为网络消费最重要的增长驱动力。2010 年上半年，我国网络消费总量达 4734 亿元，2010 年全年增幅为 48.8%，中国网民网络消费总量首次突破 10000 亿元人民币，人均月度网络消费额达 206 元。到 2011 年，我国网络购物市场交易规模将达到 7634.1 亿元，网络购物支出将突破网络消费总额的一半（55.8%）。（以上数据来自中国电子商务协会《2011 年中国电子商务行业研究报告》。）

中国网络购物市场交易规模与结构如图 1-5 所示。

与此同时，中国网络购物市场用户规模也将进一步扩大。2010 年中国网络购物用户规模达到 1.48 亿，占中国互联网网民的 36.0%；2011 年这一数字可达到 1.87 亿人，增长率为 26.4%，2010 年网购客户在网上购买过一次的总数达到 1.48 亿，同比增长 35.8%，占网民比重的 6.0%。

中国网络购物用户规模的增长主要受益于两方面因素：一是中国网民规模的增长。CNNIC 公布的数据显示，2010 年 6 月，中国网民规模达 4.2 亿人，预计 2010 年底中国网民规模将达到 4.8 亿人，较 2009 年年底的 3.84 亿增长 25.0%。二是网络购物环境的改善。2010 年 7 月网店实名制正式施行，淘宝网等平台式购物网站力推诚信保障体系，降低了消费者转向网购的心理门槛，推动网络购物应用在网民中的渗透。

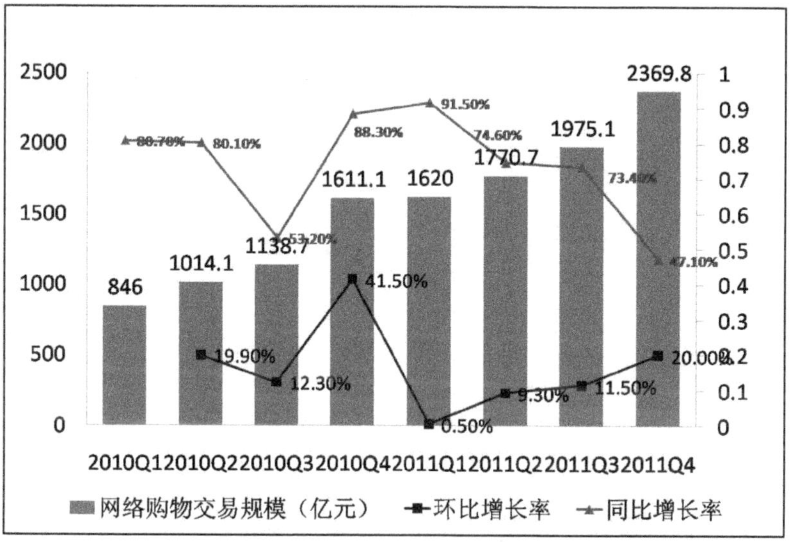

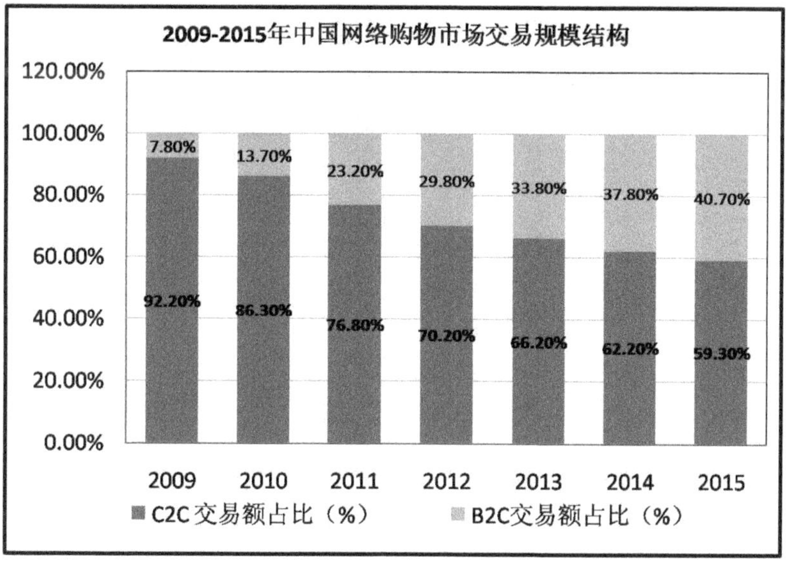

图 1-5　中国网络购物交易规模与结构

同时，网络购物的使用与网民网络使用年限密切相关，网龄越长的网民使用网络购物的可能性越大。目前我国网民应用已经开始从基础、娱乐性应用向多元、商务性应用转化。

可以预见的是，随着普及率的提升和网龄的增加，网络购物的使用率和交易金额必然会有更大的发展空间。

中国网络购物市场用户规模的变化如图 1-6 所示。

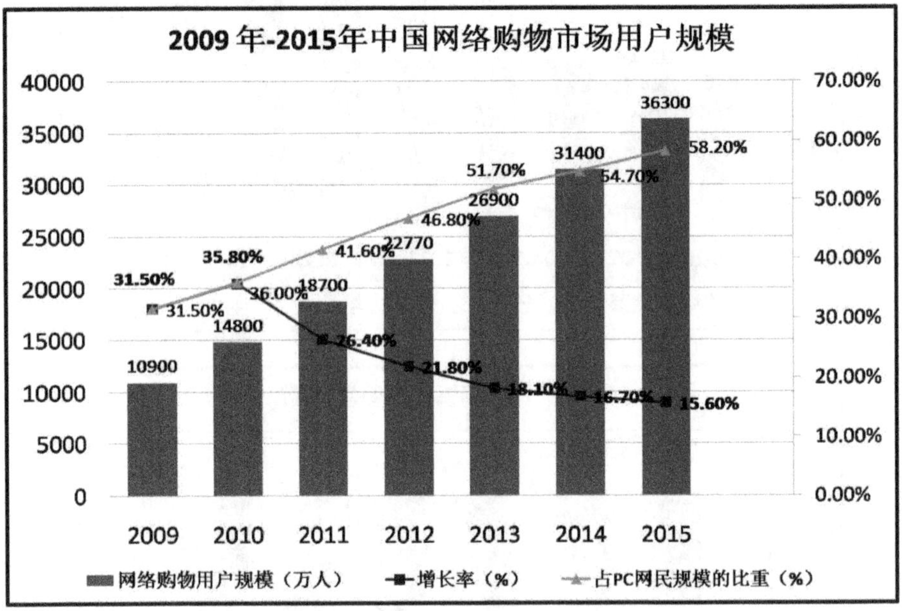

图 1-6　中国网络购物市场用户规模的变化

电子商务经历了 12 年的变迁，使得市场不断细分：从综合型商城（淘宝为代表）到百货商店（京东商城、一号店）再到垂直领域（红孩子、七彩谷）接着进入轻品牌店（凡客），用户的选择越来越趋于个性化，中国的电子商务已进入了一个全网竞争、不断完善、高速成长的纵深型发展阶段，不再是一家独大的局面。

中国 B2C 购物网站市场份额如图 1-7 所示。

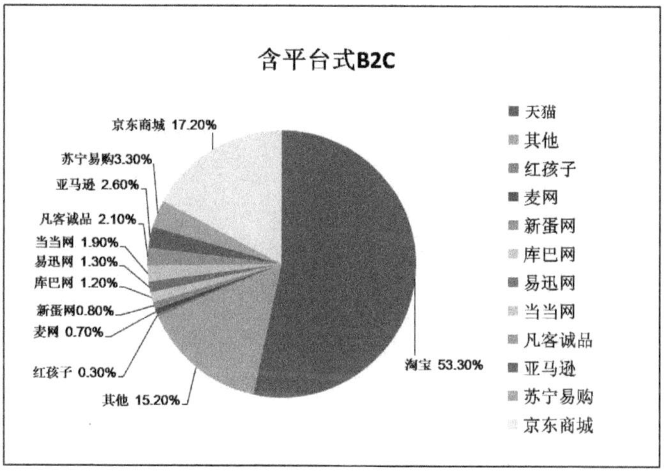

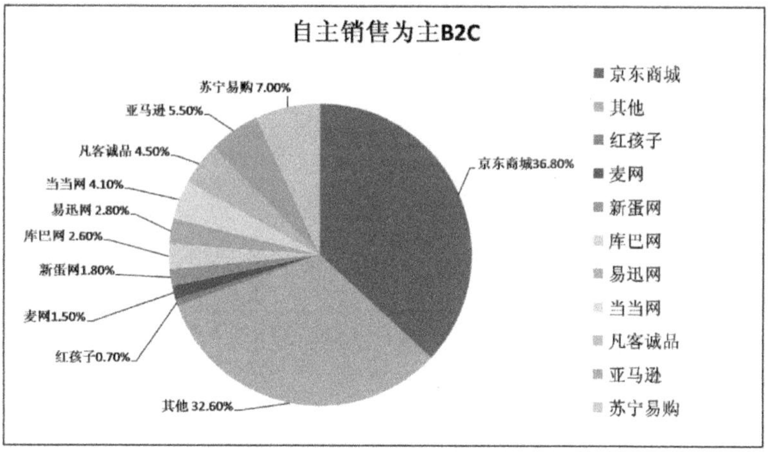

图 1-7　B2C 购物网站市场份额图

各个网站服装网购市场份额如图 1-8 所示。

网购规模的持续高速增长得益于传统品牌企业的大规模“触网”。它们在以天猫（淘宝商城）为代表的电子商务平台上纷纷开设旗舰店，同时在京东商城、唯品会、凡客 V+等一批 B2C 平台上开展全网营销，让中国的网购消费者享受到更好的服务、购买到更多的品牌产品。

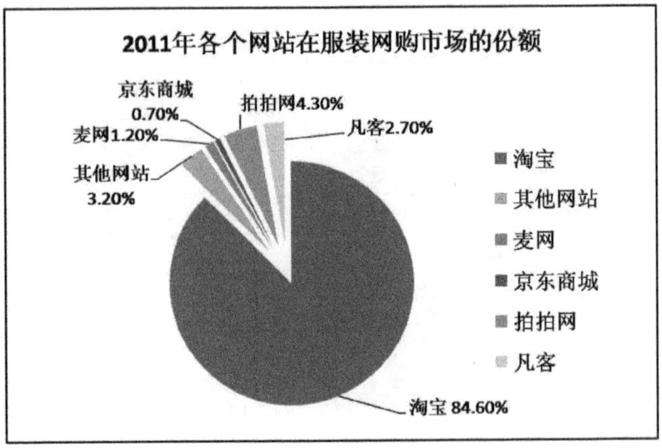

图 1-8　各个网站服装网购市场份额

2009 年上半年，传统企业的电子商务发展迅猛，联想、宝洁、优衣库、戴尔、李宁等传统品牌的直营店单店在淘宝网的月销售额超过 100 万元。而日本首富柳井正创办的服装品牌优衣库于 2009 年 4 月 16 日正式进驻天猫，开张当天就达成了近 3000 笔交易，实现 30 多万元的交易额。

中国服装零售市场规模及服装网络渗透率如图 1-9 所示。

图 1-9　中国服装零售市场规模及服装网络渗透率

2010 年中国 1.5 亿参与网购的人群中，七成消费者购买了鞋服；在网络销售总额中，鞋服产品的销售额占据 1/4；目前，电子商务融资并购案中，与鞋服领域相关的企业占据一半；在淘宝网成交额“TOP10 排行榜”上，前两名是男女服装。

2011 年中国网络购物市场各商品品类市场份额如图 1-10 所示。

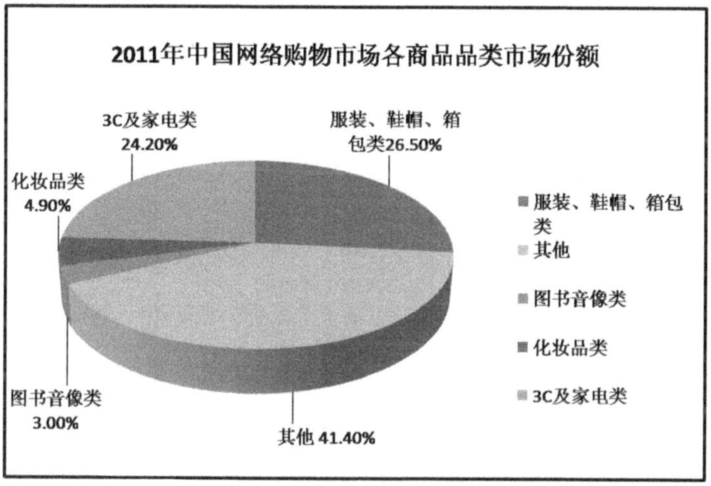

图 1-10　中国网络购物市场各商品品类市场份额

2011 年家电行业遭遇寒冬，但小家电在电商的发展中却异常迅速，九阳在天猫的销售额比 2009 年猛增了十几倍，销售额过亿。

天猫数据显示，2011 年光棍节开始的第一个小时内，就有 96 家店铺销售过百万，其中杰克琼斯销售突破 1 千万。

韩都衣舍 CEO 赵迎光在微博上透露，截至 2011 年 11 月 10 日晚上 10 点，韩都衣舍天猫官方旗舰店的人流量达到了 440 万人次，有 90 万人光顾了他的店铺。

2011 年的光棍节，天猫男装店铺中，共有三家销售额突破亿元，依次是杰克琼斯官方旗舰店 1.8 亿，GXG 官方旗舰店 1.5 亿和九牧王官方旗舰店 1.1 亿。

2012年，安踏、匹克、特步、鸿星尔克等鞋服品牌纷纷高调宣布，加大电子商务的开拓力度，并分别提出自己的发展计划。企业的网上年销售额，以及电子商务占企业营销业务的比重，成为其中的重点。

特步把电子商务上升到了企业战略的高度，2012年，特步把网络分销销售额的目标定到2亿元，未来五年电子商务业务将占整个公司销售额的10%。

“我送给你一个俄罗斯市场，你要不要？”淘宝网的副总裁兼B2C事业部总经理黄若在淘宝网的新B2C平台天猫招商时，总会把这句话带给那些企业的老总们。

第五节 给中小企业一个做强者的机会

电子商务是互联网环境下的一种新兴的商业模式，电子商务不仅适合大企业，对众多中小企业也非常有利。大企业、大品牌凭借多年的深耕细作和强大的实力，占据了传统营销环境中许多的优势资源，如高端人才、黄金地段的店面等。相对于大型企业来讲，中小企业在人力、财力、信息技术各方面实力相对较弱，但是电子商务给中小企业提供了大量的新机会。互联网作为一种信息技术，让小企业可以从信息管理的各个方面入手将自己的产品和服务销售到全国各地，做大做强，提供了一个与大型企业缩短差距，站在同一起跑线上的机会。

网络改变了人们的沟通方式，改变了人们的价值观和对品牌的看法与体验。以前对中小企业来说不可能做到的事情，在网络时代可以变成现实。

一、电子商务重新定义了传统的营销模式。减少了中间的流通渠道，使生产者和消费者直接沟通。中小企业可以不受资金和时间的限制，能够在同一个舞台上，与大企业竞技。

案例　8 号熊的成功转型

8 号熊是福建泉州一家做外贸的童装企业，2011 年开始转做国内市场。8 号熊的产品设计非常不错，但由于受到资金的限制，一直都没有实力与国内的童装品牌竞争终端，打通实体通路。于是转向电子商务领域，在淘宝网上开设了旗舰店，同时大力发展分销商，如今仅在淘宝上就有十几家分销商。图 1-11 所示为天猫中 8 号熊旗舰店首页。

图 1-11　8 号熊旗舰店首页

不仅如此，8 号熊还采取全网营销策略，取得了非常好的效果。如在一次京东商城的万人团购活动中，一款男童套装就销售了两千多套。

短短一年的时间里，8 号熊童装仅仅在电子商务的业务就超过一千万元，产品销售覆盖全国，打通了渠道上的障碍，在 2012 年被推选为福建省著名商标。

二、中小企业有机会发出自己的声音，有机会与大企业争夺品牌的话语权。网络是一个公开、平等、分享的平台。对中小企业而言，在传统营销环境中有优势资源的机会并不多，但在网络上，这是一块全新的战场，大家都在探索中，没有任何一家传统企业已经真正成为王者，谁都有机会。

案例　快速成长的麦包包

给海外箱包品牌代工十几年的叶海峰决定借助淘宝网转型做电子商务，创立了麦包包品牌。仅在天猫就有三家定位不同的旗舰店和一家专营店铺，如图 1-12 所示。

图 1-12　麦包包在淘宝网上的店铺

经过 6 年的发展，麦包包目前已经成为拥有超过 1000 名员工、销售额近 10 亿元的国内最大的箱包品牌企业，品牌与规模同发展。

三、在网络中，中小企业更具有打造品牌的优势。现实世界是一个保守的、富有秩序的、高度集权的世界，非常符合大企业的性格。网络世界与此不同，它是创新的、瞬息万变的、扁平的、矩阵式的世界，非常符合中小企业的性格。

案例　创造了电子商务神话的韩都衣舍

在一个人人能开网店的时代，一家名为韩都衣舍的企业创造了一个电子商务神话，一个堪称最牛的“淘品牌”。韩都衣舍的发展是一个电商传奇。

2008 年创业之初，在一间仅有 8 平方米的小仓库里，韩都衣舍创始人赵迎光支了一张桌子，雇了一名员工，正式开始创业。他后来回忆说，当时邀请朋友参观自己初创业的公司，从狭窄的楼梯到只能放两张桌子的办公室，朋友只说了句“你创业了，好”。两年后，韩都衣舍一跃成为淘宝网服饰类综合人气排名第一的网店和长江以北最大的淘宝卖家，会员多达 200 万人，创下过连续 55 天蝉联“月度热卖排行榜”第一的纪录。2011 年 11 月 11 日（光棍节），韩都衣舍一天的订单就达到 4.5 万单，这是传统经营方式无法办到的。这就是电子商务的能量和它所展现的生命力。韩都衣舍的首页如图 1-13 所示。

图 1-13　韩都衣舍首页

四、网络世界以一种强大的力量正在深刻地影响着现实世界。例如微博、博客、论坛等，正以前所未有的能量冲击着传统媒体。网络上任何一个人经过策略性的包装，就有机会实现明星梦，如芙蓉姐姐、神仙妹妹，层出不穷，所以中小企业完全有机会在网络上大展手脚。

案例　美丽、自信的梦芭莎

2006 年 12 月，李恕东与佘欣承先生在广州美术学院内合作创办了梦芭莎网站，并选择内衣产品作为网站的主打产品。“梦芭莎”是以数据库营销为核心的新型电子商务品牌营运企业。将电子商务、商品手册和商品体验店，三位一体有机结合，产生最大的价值链叠加效应。配合高效配送体系，提供超高性价比的内衣及相关商品和服务，传播美丽、自信的内衣新概念，深入进行个性化营销，满足东方女性不断升级的自然、健康、美丽的需求。

2010 年 12 月，于央视一套黄金频道推出首个 B2C 品牌网站广告。图 1-14 所示为梦芭莎首页。

图 1-14　梦芭莎首页

五、电子商务促使中小企业更好地适应市场的变化。网络使企业经营更贴近市场需求，有助于提高企业的敏捷性和适应性，使高质量、低成本的产品与及时供货服务相结合。电子商务改变了企业的竞争态势，使中小企业也能在较大范围内发挥其灵活机制的竞争优势。

案例　华丽转身进入电子商务行业的 HI-TEC

2007 年著名英国户外品牌 HI-TEC 携手著名经济学家郎咸平先生在北京举办了一场《中国服装品牌之路》的高峰论坛，高调进入中国市场。两年的时间因为不了解中国的市场特点，在传统营销环境里惨遇滑铁卢；于是在 2009 年华丽转身进入电子商务领域，在淘宝店开设旗舰店，同时进行全网营销，取得不俗的成绩。图 1-15 所示为 HI-TEC 的旗舰店页面。

图 1-15　HI-TEC 的旗舰店页面

我们常常看到传统营销环境里王者们威风八面。例如在广州市区路程不过 1200 多米的商业街道，某运动品牌就开了6家二门面[3]以上的店铺；在福建泉州这样一个二线城市，一条不到千米的主商业街，一个运动品牌也开了4家专卖店。大品牌大企业拼的是实力，拼的是资金，而电子商务领域至今还没有谁敢称自己是王者，这个正在高速发展的领域还处于一个群雄割据的时代。电子商务的出现对于传统企业来说是一个超越与被超越的年代，每一次行业的剧变都会带来一次格局上的大调整和大洗牌，那些敢于面对挑战的小企业，有勇气与大企业站在同一起跑线上，一样能够创造奇迹。

案例　淘品牌 Mr.ing 的电商之道

广州羊皮堂贸易有限公司旗下的Mr.ing是时尚新锐男鞋品牌，是在淘宝上成长起来的专注于电子商务的网络品牌，江湖称淘品牌。品牌Mr.ing创始人尹志强对销售的独特见解为Mr.ing开拓了广阔的市场。尤其是预售模式，从真正意义上讲，它是Mr.ing品牌传奇的开始。它的成功见证了"淘时代"由网络带给人们的快乐与全新的购物理念，让业内品牌惊讶之余还成为争相效仿的对象。因为淘品牌Mr.ing在淘宝网上创造过无数个令人咋舌的销售记录。

2009年1月，天猫上的羊皮堂男鞋专营店开始正式运营。2010年5月8日，Mr.ing著名的"阮清风"懒人套脚式透气休闲鞋，创造了上架4小时之内爆售7888双的销售神话。一时之间，Mr.ing名声大噪。这是Mr.ing品牌经营发展的一个重要里程碑，也是许多传统实体店无法想象的。

"阮清风"开启 Mr.ing 品牌传奇，成功演绎一场震撼的时尚风暴，见证"淘时代"由网络带给人们全新的、快乐的购物模式，引领一种健康时尚、自由舒适、力求完美的生活方式。图1-16为Mr.ing的广告图。

---

③ 二门面指两间店面。

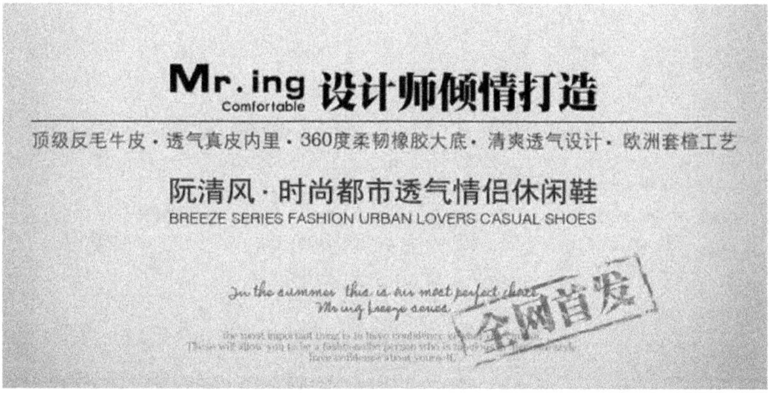

图 1-16　Mr.ing 的广告图

2009 年 5 月，Mr.ing 正式成为淘宝官方鞋类类目收录品牌。

2010 年，Mr.ing 成为淘宝男鞋网卖家 TOP1。

2011 年，成为淘宝网男鞋 TOP 店铺第 1 名。

2011 年，成为淘宝网男鞋 TOP 网络品牌第 1 名。

成功密码 1：专注、专注、再专注。只做自己熟悉的男士休闲鞋。正如 Mr.ing 总经理尹志强所说："Mr.ing 只做男鞋，且只做男鞋中的休闲鞋，目标是成为中国男士休闲鞋第一品牌。女鞋不碰，运动鞋不碰，童鞋不碰，服装更不碰"。

成功密码 2：单品制胜。满足最众多消费者的同一个需求。Mr.ing 将传统商业法"二八法则"运用到了极致，每次营销活动只主推一款产品，将这个策略称之为"单品制胜"。

成功密码 3：七米文案。提供可以提供的最详细的产品文案，让消费者了解关于该产品的所有信息。Mr.ing 几乎把一个商品的所有卖点都穷尽了，不但包括商品效果图、细节图、规格、材质等常规项目，还有加工过程、科普知识、库存状况、买家反馈等一般人想不到的卖点。图 1-17 为 Mr.ing 的产品细节展示。

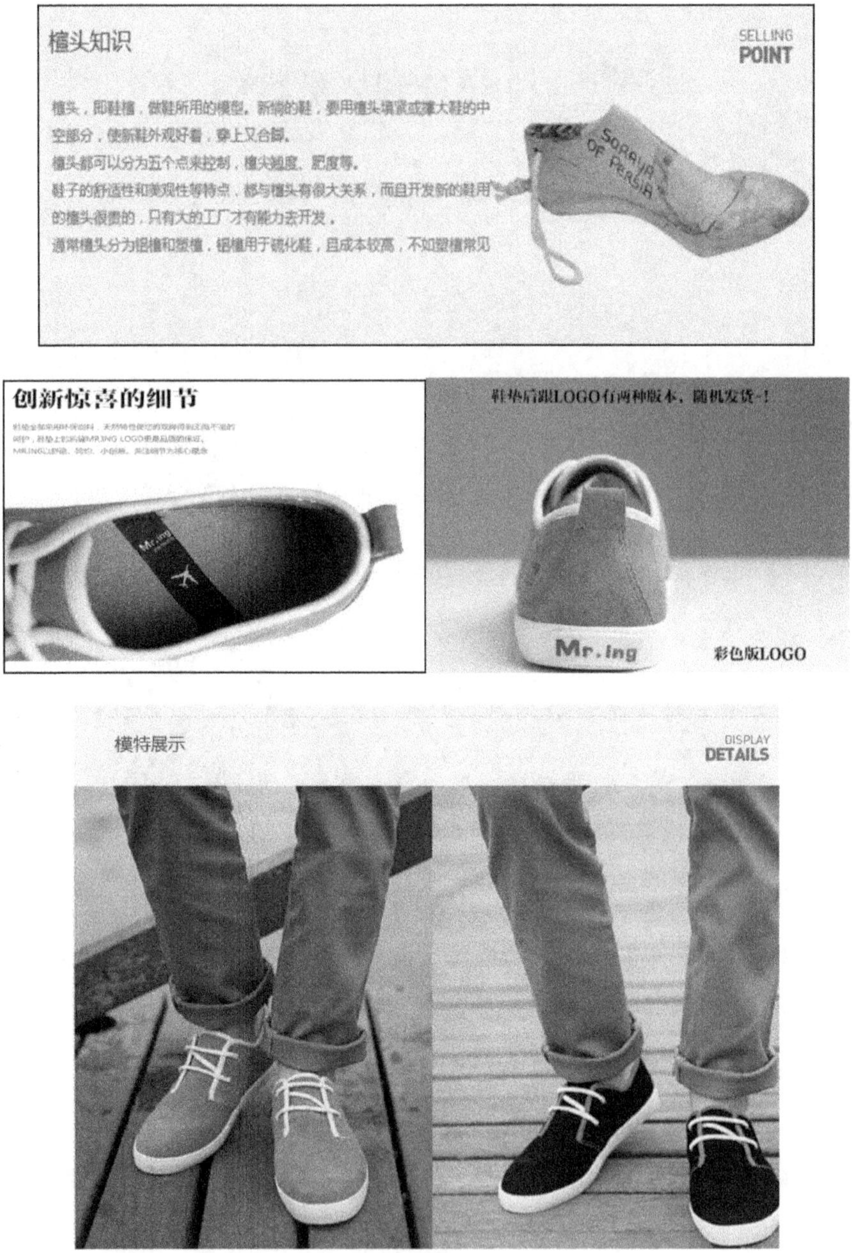

图 1-17　Mr.ing 的产品细节展示

图 1-18 所示为截止到 2011 年年底已进入天猫的部分品牌企业。

图 1-18　截止到 2011 年年底已进入天猫的部分品牌企业

第 2 章

传统企业电子商务的定位

互联网及电商行业普遍比较浮躁，这是个不争的事实。行业论坛及会议上，为获得市场炒作热点及风投关注，50%增长率能说成500%，年销售额百万的平台能说成千万，客户数10万能说成100万，转换率1%能说成5%。给企业造成了电商火爆且很容易做的假象，没有科学的定位就开始盲目执行，必然会大大影响后期的运营，导致结果与期望相去甚远。

第一节　传统企业触网困境

电子商务经过多年的发展，已经成为拉动中国互联网经济发展的原动力。商务部在《电子商务“十二五”期间发展指导意见》中明确指出，到 2015 年，我国规模以上企业应用电子商务比率达 80%以上，网络零售额相当于社会消费品零售总额的 9%以上。

虽然传统企业电子商务化大势所趋，中国的电子商务起步较晚，传统企业涉足电商存在很多经验上的局限性；除此之外，还需要面临运营人才稀缺、技术落后和电商意识缺乏等困境。一个完整的电子商务流程包括商品展示、营销推广、订单处理、在线支付和物流仓储等环节；企业除了搭建一个平台以外，还需要有信息化的管理系统将在线支付和商品物流打通。

图 2-1 所示为电子商务运营流程图。

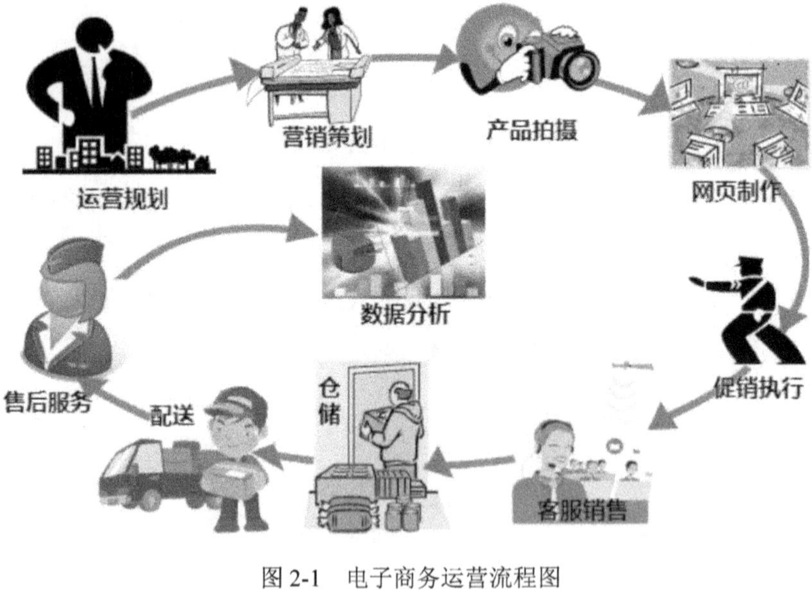

图 2-1　电子商务运营流程图

传统企业在行业内有专业、品牌和资源等方面的优势，但跨界到电子商务领域，面对熟悉又陌生的电子商务市场，传统企业有点束手无策。

一、传统企业对电子商务理解和认识不够

只是将电子商务看做在互联网上的销售而已，却没有想到电子商务其实改变了传统的供应链。传统企业的供应链优势是以产品为核心的导向性销售管理，所以我们看到传统企业的营销模式从最早的以产品为导向进化到以市场为导向，为此一些服装企业的订货会从每年的两次订货会进步为一年四次订货会。而在互联网上，企业更需要的是以终端消费需求为导向的销售过程，也就是说，电子商务可以一边生产一边销售，甚至可以用一张设计稿进行销售，如淘宝上的一些知名网店进行的预售行为。

二、传统企业对电子商务平台的认知不够

越来越多的电子商务平台出现，对传统企业来说是进行全网营销的契机。从理论上来说应该是每个平台都要进驻，类似于在传统领域的商场里开专卖店，无论何种类型的品牌，对于平台的研究是企业要持续做的功课。最好是在每个平台都有适合这个平台主流消费群体的主推品类，以实现该平台流量价值最大化。

比如说京东商城流量比较高，竞争不是太激烈，订单单价相对较高；但京东商城以男性用户为主，所以一些品质较高或价位较高的男装或男性消费品比较适合这个平台。从运营成本支出来说，京东商城、当当这样的 B2C 平台反而比天猫要低一些。

在传统领域里，传统企业的市场嗅觉是最灵敏的，但在互联网上最先知先觉的却是一些淘品牌，诸如韩都衣舍、零号男、小狗电器等都是最先在淘宝体系成长起来的品牌。

三、传统企业做电子商务缺乏整合能力

一些传统企业做好了电子商务战略规划，并投入资金，为了能快速上线不惜重金招纳贤士，大肆投放广告，结果只能依靠线下收入支撑线上，线上没有任何赢利能力。传统企业缺乏驾驭电子商务技术的能力，更无法自由地让电子商务模式与企业固有品牌价值经营理念协调配合。他们更多的是将原有的传统销售团队整编到电子商务部门，但他们却不知道除了需要传统的销售团队，还需要凡客那样的营销团队，卓越那样的技术团队，京东那样的物流团队以及当当那样的运营团队。随着电商行业的竞争越来越激烈，人才资源已经成为电子商务成功与否的关键因素，优秀的电子商务人才其实就是互联网 B2C 企业培养的，价格不菲不说，大多数已经被正在互联网上成长的专业 B2C 企业争抢得差不多了。

泉州某知名的品牌男装，将电子商务部设在信息中心。由于信息中心大多是 IT 技术人才，所以招人的标准是要有互联网经验。这样的团队组合，对产品的卖点提炼不足，销售能力也不足，所以一年下来业绩不好不说，高昂的费用让企业望网兴叹。于是把电子商务外包给一家代运营公司，可是这家代运营公司只会在淘宝网上卖货，别的渠道一概不涉水，虽然在淘宝网的年销售能过亿，但却丢失了互联网大的营销环境，完全依赖淘宝网生存。其实入驻互联网上的不同平台相当于是在不同的商场开设专卖店，放在传统营销环境里，淘宝网只是人流最多的商场而已。

四、传统企业普遍存在“奢望”的心态

想少投入高回报，赚一票就撤。许多企业看到凡客的成功后，就贸然冲了进去，以为丢一元人民币进去就能回报一百元基至更多。电子商务井喷式的发展让很多传统企业变得浮躁，无法给出太长的“宽容期”，总是奢望短期的小投资能换来丰厚的甚至是长期的收益。

我的一个朋友是一家传统企业的企业主，在传统的批发渠道里一年大约是四五千万元的销售，看见别人做电子商务做得风生水起，也想试试水，但他对电子商务的认知却是“一

本万利”的。在他强烈要求下我为他引荐了一家运营能力很强的代运营公司，但他要求只做淘宝网，在他的理念里，淘宝网就是电子商务。网店在淘宝网刚上线不到三天就质问代运营公司为什么没有销售，第二个月，就期望与运营了三年多的同类品牌的销量相近，三个月的试运期还没过，就吵着要解约，他解约的理由是第二个月销售没有过十万，并且投入太大。而代运营公司则认为该品牌在网上没有知名度，产品刚上线也没有客户积累；从产品拍摄、宝贝模版设计到网店上线还不到三个月，连网店的试运营期没过，同时又埋怨企业没有按合同投放推广费用所以影响了销售。双方各执一词，闹得非常不愉快。从表面上看是企业看不到收益而解约，本质上却是传统企业开展电子商务的“浮躁”与“奢望”心态。

五、电子商务也需要对品牌的维护

品牌是代表企业或产品的一种视觉的、感性的和文化的形象，它是企业或品牌主体一切无形资产总和的全息浓缩，不仅仅是商标标志、信誉标志，更是对消费者的一种承诺。品牌的建设同样适用于电子商务领域，只有建立一个良好的品牌才能保证电子商务长期健康地发展。大部分传统企业并没有意识到品牌对于电子商务的重要性，他们对电子商务普遍是“重销售，轻品牌”的认识。

传统领域有电视、杂志等传播核心，可以靠大笔投资快速提升影响力，但互联网是去核心化传播的营销环境，在互联网世界中影响力和信息流基本上是等同的，信息流越大越集中就越能形成品牌价值。

在互联网上，一个负面消息在 12 个小时内传播量就能达到高峰，这种传播能量是任何一个传统媒体都无法比拟的，所以在互联网中，传统企业对品牌需要更加小心地管理。

六、传统企业开展电子商务需要理清与各个环节的利益关系

经常有企业感叹，开展电子商务有两大阻碍，最大的阻碍来自渠道。越强势的品牌在

线下实体渠道的积累越多，对发展空间的需求和对利润的需要就越多，庞大的渠道体系让企业不得不小心处理。其次是内部的电子商务部门与其他部门的冲突。由于电子商务属于新成立的部门，短时间内业绩并不突出，所以在货品资源的分配上会出现优于实体渠道而薄电商的现象；企业本身是以业绩为导向的团体，如果短期内销售业绩不好，团队在企业中的地位就不高。因此在启动电子商务的时候，对于电商部门，企业要给予更多的信心，要有足够的耐心让他们成长。

正如李宁公司前电商总监林砺回忆起当年李宁刚启动电商时的苦涩：“我们 2008 年 4 月，在淘宝网平台上，刚刚推出第一家网店的时候，当时集团对电子商务的定位还是 e-Channel，当做新兴的渠道来看待。利用互联网渠道来销售产品，当时我们主要销售的产品都是库存产品；可是随着时间的推移，到了 2008 年年末的时候，我们发现，库存产品已经远远不能支撑生意渠道本身能够容纳的货品量了，马上就要面临严重缺货的危机。我现在记忆还非常深刻，从 2008 年下半年开始，每次跟集团开会，我说得最多的是哪里有货源，哪里可以找到我们可以卖的货品。”

无论传统企业在传统营销领域如何成功，进入电子商务都是从零开始，要从消费者的需求出发思考问题。原有的品牌优势、供应链优势在某种程度上会成为电子商务的障碍，应该把电子商务当做另外一次创业，当做一次新的投资行为。

第二节　B2C 模式是传统企业电子商务的最佳模式

商务活动本身是一种协调过程。它需要客户与公司内部、生产商、批发商、零售商间的协调。在电子商务环境中，它要求更多的部门甚至是跨行业跨部门协作才能完成。电子商务作为一种新型的交易方式，将生产企业、流通企业以及消费者带入了一个网络经济、数字化生存的新空间。

在电子商务环境中，人们不再受地域的限制，客户能以非常简捷的方式完成过去较为繁杂的商务活动，如通过网络能够全天候地购买自己的所需、也能查询各种信息等，同时使企业对客户的服务质量得以大大提高。

电子商务能够规范事务处理的工作流程，将人工操作和电子信息处理集成为一个不可分割的整体，这样不仅能提高人力和物力的利用，也可以提高系统运行的严密性。

电子商务是一个笼统的大概念，包含了 B2B、B2C、C2C、C2B（团购）、O2O 等不同的商业模式，表 2-1 列出了一些商业模式类型。

表 2-1　电子商务商业模式类型

按交易对象分类		类　型
B2B	Business to Business，企业对企业	B2B 电子商务
B2C	Business to Customer，企业对消费者	网络购物（B2C+C2C）
C2C	Customer to Customer，消费者对消费者	
B2G	Business to Government，企业对政府	B2G 电子商务
C2G	Customer to Government，消费者对政府	C2G 电子商务
O2O	Online to Offline，线上到线下	O2O 电子商务

从表 2-1 中我们可以看到，只有 B2C 或 C2C 才是消费者直接产生购买行为的商务模式，而只有 B2C 才是传统企业直接面对消费者的商务行为，这在传统营销模式中被称为直营模式。直营，顾名思义，是厂家直接经营，一些实力雄厚的大品牌往往喜欢采用直营的方式，直接投资在大商场经营专柜或在黄金地段开设专卖店进行零售。一些国际顶级品牌如阿玛尼、杰尼亚等出于品牌维护的需要，一般都采取直营方式。

传统的商务模式是：生产商－渠道商－零售商－消费者，正在进步的传统直营模式是：生产商－消费者，电子商务（B2C）的商务模式是：生产商－消费者。

直营模式与电子商务缩短了商务活动的中间流程，加快了商务进展速度，传统直营模式与电子商务的商业模式本质是相同的，只不过直营是“水泥里的销售”，而电子商务是“鼠标上的销售”。

无论是传统营销环境还是网络营销环境，直营（B2C）都已经成为市场发展的新引擎。

对于消费者来说，传统品牌 B2C 具有非常大的优势和吸引力：

1．传统企业是品牌制造企业，相比其他零售渠道，品牌企业的直营渠道更容易获得消费者的信任，更具有号召力。

2．产品的优先销售优势，显然在上架时间上领先于分销渠道，可以获得更为广泛的关注。

3．因为减少了中间环节，到达消费者手中的产品价格更实惠。

图 2-2 所示为网络消费者购买产品的流程。

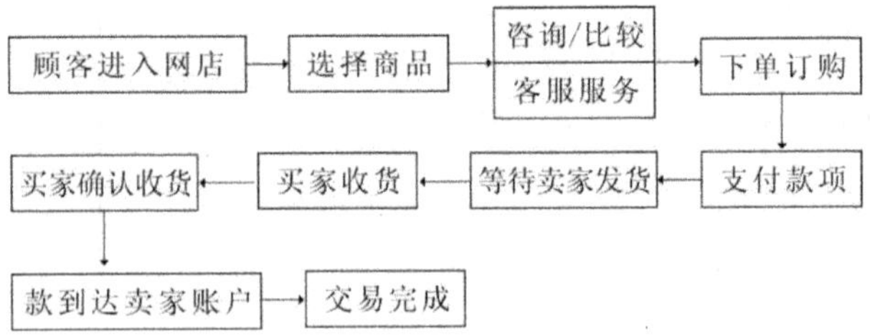

图 2-2　网购的流程

图 2-3 所示为传统实体店铺消费者购买产品的流程。

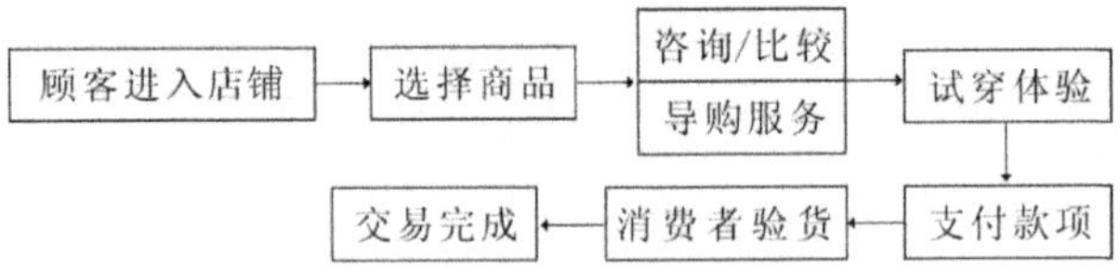

图 2-3　实体店购物的流程

从消费者购买过程中可以分析出网络购买过程与传统实体店铺的购买过程的最大区别在于实体店铺消费者需要到店铺里去产生消费，可以进行试穿体验，让消费者产生购买欲望；而网络消费主要是靠图文传递产品信息，是一场视觉体验，消费者只需轻点鼠标，在家里就能购买到自己喜欢的产品。

对于传统企业来说，电子商务B2C的业务流程与实体店直营模式的业务流程基本相同，只不过电子商务是将传统实体店零售虚拟化最终达成的交易。

电子商务因其特性让传统企业 B2C 的优势体现得更加明显：

1．企业对品牌的控制力强，无论是从品牌传播、形象管理还是产品力都具有统一性，实现品牌与市场的共同发展。

2．渠道扁平化，减少中间代理层级环节，运营成本更低，利润更大。

3．产品信息传递速度快，新品到达消费者的过程缩短。

4．能够直接接收到顾客对产品的反馈。

B2C 从渠道上分为商超和专业商城两种定位，如：京东商城、天猫、邮乐网、拍拍网是商超的代表；凡客、麦包包、苏宁电器又是专业商城的典型。

图 2-4 所示为传统企业电子商务的基本结构。

从传统企业 B2C 模式的基本结构图中可以看出，传统企业的电子商务业务核心与传统实体营销的模式一样，都是营销、供应链和组织管理三大体系作为主要的业务核心。而这三大体系对于传统企业来说都具有很强的优势。

电子商务营销体系包括商品展示（含站内搜索、导航等）、内容展示（店铺装修、宝贝描述、宝贝模板等）、订单确认（含购物车、订单提交等）、支付系统（含第三方支付系统接入、内部账户余额积分等内部支付系统、货到付款系统等）、用户服务（含查询、下订单及账户查询、退换货等）、CRM 系统（含会员管理、呼叫中心、客服管理等）等部分。

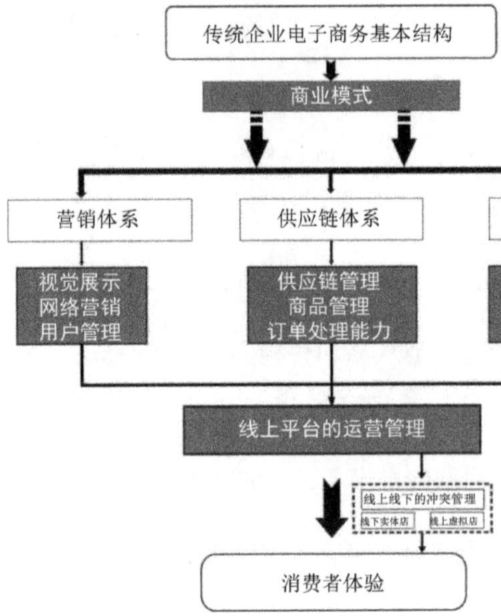

图 2-4　传统企业电子商务的基本结构

供应链包括商品与促销（含品类管理、单品管理、活动管理等）、订单处理（含订单录入、订单审核等）、仓库管理系统、采购管理（含供应商管理、采购单管理、库存管理等）、财务管理（含供应商结算、渠道结算、内部结算、配送结算等）、报表管理（含搜索报表、销售报表、财务报表、客服报表、仓储物流报表等）、系统设置（含基础设置、权限设置等）、外购网站分析系统等。

内部管理体系包括人力资源（电子商务专业人才和管理人才的招聘、绩效体系的推动等）、管理流程（包括组织的调整、职责权限的界定）、绩效考核标准（各个岗位的绩效标准的制订、推动、考核等）等各方面。

B2C 是企业实现电子商务、推动企业业务发展的一个最佳切入点，企业获得最直接的利益就是降低成本和提高效率。

未来 B2C 将会是传统企业电商模式的核心，B2B 和 C2C、C2B（团购）、O2O 只是作为传统企业电子商务的辅助市场。因此传统企业进入电子商务行业，B2C 模式是其最佳的商务模式。

对于消费者来说，对传统品牌的认知和线下实体销售模式给消费者带来的是信任和由信任带来的购买力，这点是很多电子商务品牌无法比拟的优势。当然，传统企业电子商务要根据自身的资源配置，无论确定哪一种商业模式，最终考验的都是企业的经营能力，如在横向上对各类资源、产品的协调与平衡能力，也就是线上线下的冲突管理能力。

第三节　传统企业发展电子商务品牌在互联网上的全新定位

曾经有一个传统企业主说：电子商务和传统环境中的营销是一样的，无论是对产品的要求，还是销售、促销手段都是相同的。我们承认营销的本质是一致的，但是他不了解的是电子商务的特质，电子商务是基于互联网的商务活动，它的特性要求与传统商务是不一样的。它既不是纯粹的 IT 技术，也不是常规的销售体验，而是需要将两者完美融合的一种新的零售模式。我们都知道线上购物与线下购物的用户体验是不同的，用户诉求也有差异，所以不能简单地将线上项目移植到线下，也同样不能将传统线下项目简单地复制到线上。

有些传统企业在传统营销环境里如鱼得水，以为只要注册一个新品牌以同样的运作手法就能成功，无视电子商务的特性，其结果可想而知。

品牌背后代表的是品质、保障、文化、身份等一系列东西，传统品牌企业最初的品牌定位是针对和影响实体消费群体，在一线商圈开设上千平方米的旗舰店，在一、二线城市大规模开店，就能获得消费者的共鸣，获得市场占有率。有一句让传统营销人奉为宝典的话：大城市多开店，小城市开大店。此宝典让许多的传统企业受益无穷，可是随着电子商务的出现与高速发展，消费者越来越呈现出年轻化、个性化、时尚化的特点。对于这些新兴消费者而言，传统品牌所具有的风格、文化内涵、价值感传递对于他们形成不了太强的网上购物引导性和趋从性，所以，传统品牌企业想要扩展网上市场，需要更多了解互联网购物人群的特性，根据互联网消费群体的特性进行定位势在必行。

网络品牌定位的核心是要先了解电子商务的本质，了解网络品牌三要素：定位、符号、关注。

电商未来三要素：多渠道销售、社会化网络营销、移动互联网。

新的定位需要随着市场环境的不同、消费认知的不同对品牌进行不断优化。

首先，在产品方面要与线下做一些区隔，以不同的年龄人群、不同的消费习惯区隔开来。如罗莱家纺，罗莱作为国内家纺的第一品牌，2009 年进军电子商务，创立 LOVO 电子商务上的家纺品牌，目标消费群体定位为时尚白领、小资类人群，从目标消费群体上区隔于罗莱的市场，目前已成为国内运营较好的四大家纺品牌之一。

对于电子商务产品价格的定位，许多企业主观认为网络销售主要是以低价为主，主观地以为价格越低消费者越喜欢，销量就会越大，其实在网上卖的商品并不都是廉价商品，如：GXG 的一件皮衣在淘宝店里就卖到 3688 元（参见图 2-5）。我曾在一家淘宝集市店里买过一件价值 1188 的风衣。

实体店的价格经常标榜不打折，看起来很高，但实际上是虚的，真正不打折的也不多；商场里每天不停地搞活动，消费者也在等着搞活动。真正原价卖的不到 30%，70%的是打折卖的，而打折后的产品价格和网上的价格也差不了多少。

对于许多传统品牌来说，上线后品牌定位的核心问题是：线上线下的品牌是做差异化还是仍沿用线下定位。

无论是传统营销还是电子商务，传统企业触网后品牌的定位，其品牌核心价值的三角定律是永恒的，如图 2-6 所示。

图 2-5 GXG 正品皮衣价格

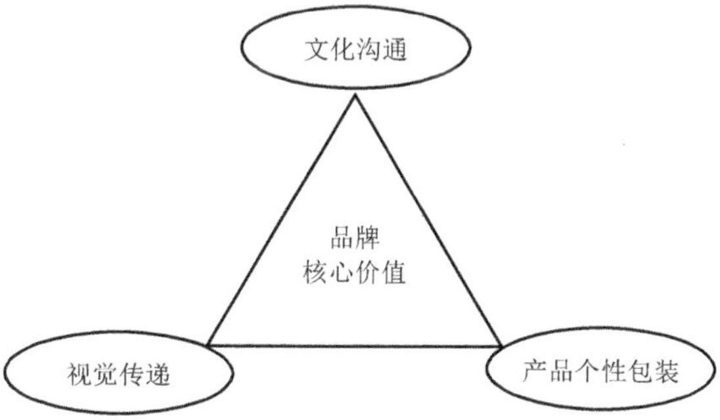

图 2-6 品牌核心价值的三角定律

当一个品牌同时具备了目标消费者差异化和消费者价值差异化这两方面意义，就形成了难以被竞争对手所模仿的品牌定位，也就能够更加持久地保持差异化竞争优势。

定位的方法有很多，但核心只有一点：我是谁？

定位过程中主要考虑的因素有三个，分别是产品功能、成本优势和情感体验，如图 2-7 所示。

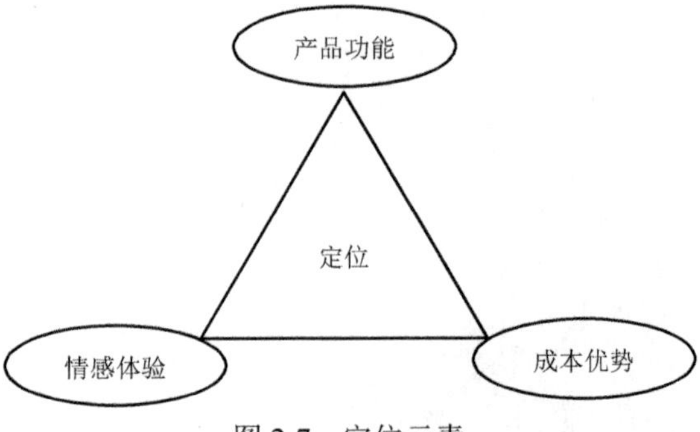

图 2-7　定位元素

任何定位都只能做减法，三个点只能取其一。无论从哪个点去确定自己的定位都要与企业自身的优势关联，让消费者可以真正感受到品牌的优势和特征，并且被品牌的独特个性所吸引，最终与消费者建立长期、稳固的关系。曾经为一个休闲裤品牌做定位时，企业主恨不得让我把产品所有的优点当成定位的核心要素，什么品牌血统、产品环保、裤型好、工艺特殊等一个不能少，让顾问师费了长达三个月的时间，时至今日企业主还会打电话问我：定位一定要做减法吗？

互联网是一个产品信息、媒介信息爆棚的环境，传统企业品牌在互联网上的新定位需顺应消费者原有的认知，不能与其发生冲突，从而使信息更容易被消费者接受。品牌核心价值是一个蜂巢状生命体，无论哪一个节点出现问题都会导致核心价值体现不完整。特别是在互联网上，视觉的表现极为重要。品牌核心价值表现如图 2-8 所示。

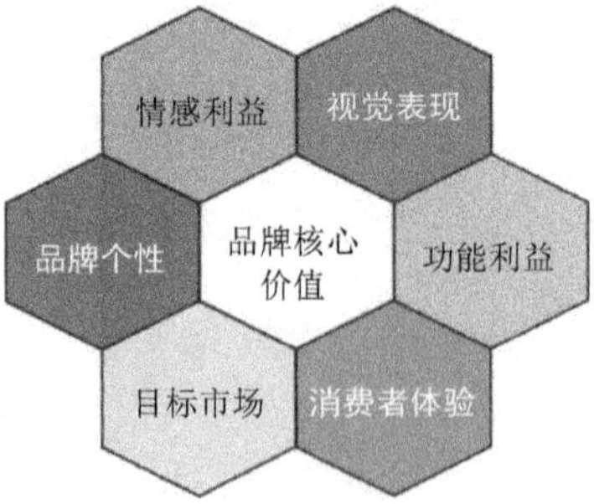

图 2-8　品牌核心价值表现

虽然传统企业具有品牌、供应链、资金、管理方面的优势，但在电子商务的实际运营中会发现，这些优势也恰是他们在电商领域健康发展的阻碍。

因此传统企业做电子商务首先要明确自己的战略定位：是想把互联网当做一种全新的销售渠道，作为企业短期利润的增长点，还是当做一个全新的市场，在全新的市场里打造强势品牌。这两种不同的定位对应着不同的策略和方法，只有找准定位，选准策略，传统企业做电子商务才可以极大地提高成功率。

其次是要明确我们的顾客是谁，产品的目标消费者是一个怎样的群体。这些顾客群体的喜好？他们最愿意买什么样的产品？他们喜欢什么样的风格？他们一般通过什么方式进入我们的网站或商城？他们的购买特征是怎样的？他们对送货时间和速度有什么要求等。要知道卖给白领、卖给高收入人群和卖给学生，它所对应的商业模式是不同的。只有充分了解你的目标群体，才能知道如何将产品以一个适合的价格卖给他们。

图 2-9 所示为目标消费者定位模型图。

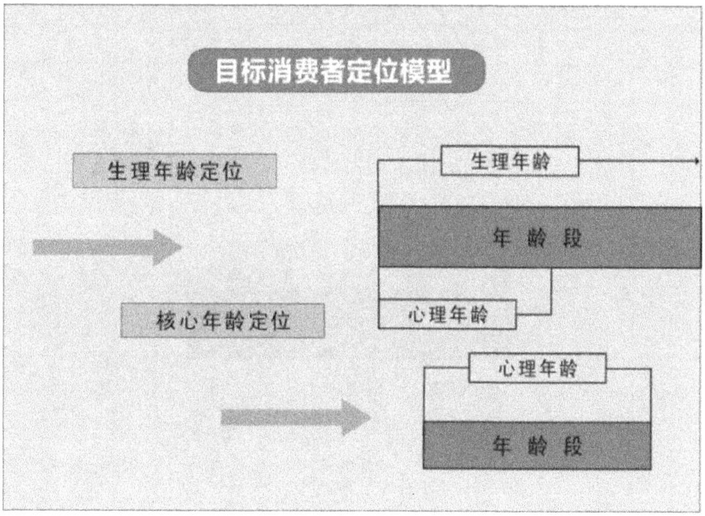

图 2-9　目标消费者定位模型图

明确了目标消费群体，接着就是：要卖什么？作为一家新进入电子商务的公司或品牌，无论在线下实体营销环境里如何叱咤风云，但不意味着传统营销环境里的商品策略和价格定位都适合互联网模式。如今越来越多的传统企业涉足电子商务领域，竞争演变得越来越激烈，门槛越来越高。在“卖什么”与“怎么卖”的问题上，有同类多品牌、不同类多品牌、单一品牌不同类等多种方式，每一种方式都会有无数的竞争对手参与其中。所以服务好自己锁定的目标消费者，以适合的价格把适合的产品卖给他们，满足他们的需求，才能有机会在互联网上成长。

最后要明确能够为顾客提供什么样的利益点。这个利益点不仅是产品本身的价值，还应该是你的核心优势或者是核心竞争力。比如：更高的性价比、更优更全的产品供给、差异化的产品或服务、强大的产业链控制能力、快速高效的供应链服务水平或者是品牌力等。传统企业电子商务的定位模型如图 2-10 所示。

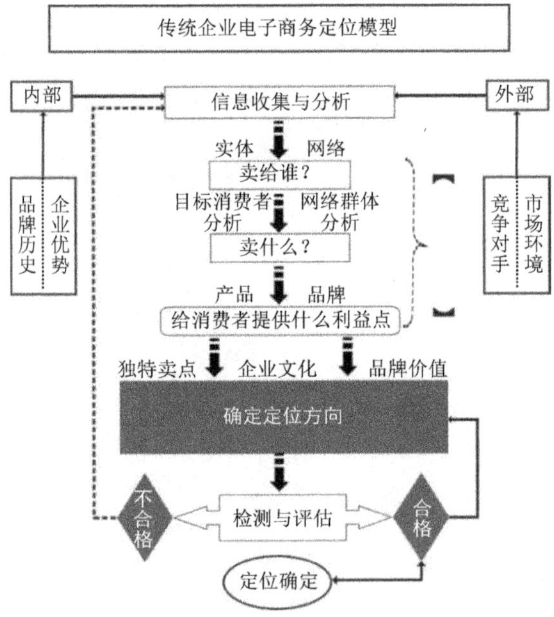

图 2-10　传统企业电子商务的定位模型

一、传统企业电子商务商品定位及价格策略

如果是品牌商走品牌路线，保证畅销商品价格的统一，在促销上做文章，同时对滞销过季商品打折销售，因为品牌商本身具备品牌影响力和忠实用户群。如果是零售商当然是走价格路线，零售商的存在本身就是比拼价格，线上线下皆如此。只是线上由于信息透明，销售成本比线下成本低，价格战更激烈，这是电子商务的商业模式机制，要去适应这个机制而不是让这个机制适应你。如何在保持价格优势、不降低商品和服务质量的同时，降低成本获取合理利润才是传统企业在电子商务活动中应该想办法去做的。

在商品结构选择上，以与实体店相同的主流商品为主，网上定制款和实体店没有的长尾商品为辅，因为大部分品类消费者还是以商品认知为导向的。线上消费者的主流需求和线下消费者没什么不同，特款和长尾商品能满足部分消费者需求，但主流需求还是需要用主流商品来满足。有些品牌商也会选择尝试打造一个网络品牌来解决矛盾冲突问题，但面对陌生的互联网世界，打造一个网络品牌其难度并不比解决矛盾冲突的难度小。

二、商业模式的定位

未来的 B2C 格局将是 4 种业态鼎立：纯渠道型 B2C、传统零售企业、品牌厂商和互联网品牌/网货。

1. 纯渠道型 B2C：也就是指在互联网上成长起来的零售企业。虽然现在规模最大的几家综合 B2C 和各垂直行业的领跑黑马还可以借助先发优势和资本优势继续保持领先地位。但是未来纯渠道型 B2C 创业的机会将越来越少，上规模越来越难。

2. 传统零售企业：由于零售企业先天的货源优势和零售经验，使得他们更加清楚消费者的需求，更加懂得消费者的购买心态，加上庞大的实体支持和零售品牌的影响力，开展电子商务能够先人一步。

在网购成熟的国家，传统零售企业占据近一半的市场份额，如美国 TOP20 中的西尔百货、好市多、杰西潘尼、塔吉特、沃尔玛、百思买、电路城等传统零售企业，韩国 TOP10 中，乐天、爱静、新世界等百货商场亦位列其中。

3．品牌厂商：传统品牌厂商有长期积累起来的品牌优势，由于电子商务模式的特性必然会介入 B2C 直销，依靠品牌号召力，商品和供应链的优势更容易取得不俗成绩。

4．互联网品牌/网货：互联网品牌是指在互联网上成长起来的 B2C 品牌，背景通常来自互联网精英团队和大品牌的资深人士，借力风险投资进行规模扩张。淘品牌是指淘宝网上产生的品牌，背景通常是中小 OEM/外贸工厂或个人设计师，借助淘宝网平台实现以赢利为前提的积累增长。互联网品牌/淘品牌的盛行是中国特征，中国拥有非常多的 OEM 工厂，有着强大的制造能力和低廉的制造成本优势。淘品牌中一些大众商品的先行者，如麦包包等在淘宝网完成积累后逐步外延至独立 B2C，重心偏移到提升品牌附加值和 B2C 客户群的覆盖。

对于传统企业而言，直销和分销都可以做，以自营网店为中心辐射全网，既有自己管理的 B2C，也给平台上的 B2C 供货。在统一商品、统一价格、统一促销大原则的基础上，针对不同通路面对的不同层次、不同需求的客户群体，采用差异化商品策略和促销策略，成熟后建立独立的 B2C 平台。

第四节　传统企业精准定位电子商务的商业模式及运营模式

根据《商务部“十二五”电子商务发展指导意见》，到 2015 年，我国规模以上企业应用电子商务比率达 80%以上，传统行业进入到电商或者是涉及电商这个区域已经势不可当，不可扭转。

在 2011 年，我们可喜地看到越来越多的线下传统品牌进入电商的队列。在淘宝、在拍拍、在京东、在麦考林等各个大平台都能看到它们的身影，有的甚至开设了自己的垂直 B2C 网站。现在传统品牌对于电子商务模式的了解已趋于理性和成熟，它们考虑的不再是做与不做？是怎么做？怎么做出适合自己的模式？

传统企业电子商务的商业模式要根据其目标及资源配置来确定。首先要明确自身的核心竞争力在哪里，了解互联网上的消费者核心需求。电子商务要从根本上解决的是消费者与商品之间的距离，所以对企业的核心优势资源的要求就很高。例如，你构建的是“更加优惠的价格”这个核心竞争力，那么你要具备的能力，可能就是要有“直接生产能力”“运营成本优化”“营销成本控制”这三项能力。能力与核心能力是一个递进的关系，能力要做到能保障核心能力时，才算完成了核心能力的设置。如果你在设置核心能力时发现仍无法保障核心竞争力的实现，那么你就要修改你的核心能力，否则，就无法构建自己的核心竞争力。而所有的核心竞争力是需要资源进行支撑的，它是一个环形全封闭的结构，企业要在具备各种资源的支持下才能够构建一个完善的业务体系。核心竞争力的关系图如图 2-11 所示。

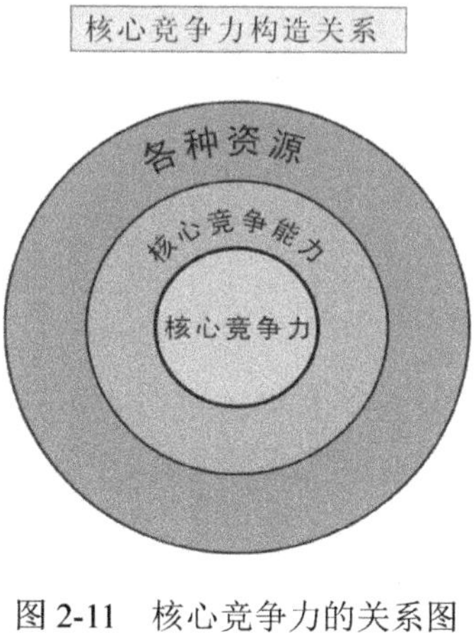

图 2-11　核心竞争力的关系图

一、传统企业精准定位电子商务的商业模式

目前电子商务分为三种商业模式，即：渠道模式、品牌模式和平台模式。

1. 渠道模式

很多传统企业介入电子商务，其目的只是为了打开另一条新销售渠道，把电子商务当做渠道来运作。这其中包括线下领导品牌、线下渠道不多的品牌和规模不大的品牌。

这种模式，企业可以利用电子商务销货、销库存或者销售另一套产品系列。要完成这个目的，企业首先要考虑的就是如何解决线上和线下渠道的冲突问题。

采用这种模式并不需要花大投入去自己建立电子商务平台，只需利用淘宝网、京东商城、邮乐网、拍拍网等现成的销售平台。

2. 品牌模式

所谓品牌模式，就像 PPG、Mr.ing、凡客诚品那种在网上建立一个独立的品牌，为网络提供专供产品与品牌，并对之进行营销和推广。

网络品牌的创立，企业对品牌的定位和核心竞争力的培养，显得至关重要。比如淘品牌 Mr.ing 的定位是只做男鞋，且只做男鞋中的休闲鞋，目标是成为中国男士休闲鞋第一品牌。但打造一个网络品牌所要投入的关注与费用，不比运作一个实体品牌差多少。比如罗莱家纺的网络品牌 LOVO。

3. 平台模式

电子商务平台模式，就如百丽旗下的优购网，并不只是销售自有的品牌，而是整合众多品牌与产品在优购网电子商务平台上进行销售。

百丽国际在传统营销环境里具有雄厚运营基础和市场影响力，于 2008 年开始规划电子商务体系。依托百丽国际的供应链、资金以及品牌优势，并涉足深层次供应链管理参与货品研发、设计、生产、零售等各个环节，以开放、合作、共赢的经营理念与众多品牌商建立紧密合作，以经营优质、名品鞋类为主，以优质、时尚为定位，打造优购网。图 2-12 所示为优购网首页。

图 2-12　优购网首页

优购网的主要发展历程如下：

2011 年 7 月，优购网上鞋城正式运营。

2011 年 8 月，网站日订单突破 1000 单。

2011 年 8 月，百丽官方 B2C 淘秀合并至优购网上鞋城。

2011 年 9 月，网站日订单突破 3000 单。

2012 年 1 月，引进莱尔斯丹、CNE、哈森、蜜丝罗妮、芭迪、奥卡索等品牌。

2012 年 3 月，网站日均订单突破 6000 单，峰值订单超过 7500 单，位居综合购物网站前二十名，鞋类购物网站第二名。

优购网是百丽基于传统营销模式的一个全新的市场。

很多企业由于对这种模式不了解，一开始就设定做成优购网那样的电子商务平台，结果事倍功还不一定半。

这种平台模式对企业的各方面要求都很高。平台模式涉及同一条产业链的上游、中游、下游，还涉及不同产业链的上中下游和不同产业链的融合。所以，对于平台主来说，如何有效整合这些不同产业链的主体，其所需要的核心能力和资源是极为庞大的，运作起来也非常复杂，对平台主最大的考验就是“控制力”。

纵向一体化考验的是企业纵深方向的控制力，平台模式考验的是企业在横向上对各类资源、产品的协调与平衡。

确定了商业模式之后，要确定运营模式，不同的运营模式产生的生产力是不同的。

二、传统企业精准定位电子商务的运营模式

电子商务的运营模式有 4 种：完全覆盖式运营模式、半覆盖式运营模式、半独立式运营模式和完全独立式运营模式。

1. 完全覆盖式运营模式

将电子商务作为企业的一种延伸业务，对于企业来说，电子商务只是打开了他们的一种销售渠道，就跟开了一家专卖店一样。

在企业里的作用，主要是以“清库存”作为第一职责。把网络作为线下渠道的一个有效补充，网上不出售新款，只把尾货、特价旧款拿出来销售，这样可以避免跟线下的经销商发生冲突。更重要的是，这些产品的性价比很高，对于一些对质量要求高、又不追求时尚的消费者来说，具有很大的吸引力，其短期效益不可估量。

但要注意，这种方式只可以短期使用，因为一是尾货旧款数量有限，二是会对企业的品牌有很大的伤害。

目前，晋江的鞋服企业，大部分都是从完全覆盖开始，并以半覆盖为目标来开展自己的电子商务。

2. 半覆盖式运营模式

电子商务除了承担销售职责外，还将发展出企业所没有的业务，并根据该业务形成企业新的供销体系。业务模式是全网分销：旗舰店展示品牌影响力，分销决定销售规模。在淘宝网开有旗舰店，在所有大的 B2C 平台进行分销业务。这种营销方式的优势在于：首先没有线下的高成本，如店面成本、品牌推广成本等；其次不需要去独立打品牌，因为这些

品牌本身都是在全国的百货商场里市场占有率最高的，所以，这种方式带来的利润非常高。笔者建议刚进入电子商务的传统皮具企业，如果产品很不错，也有一定的品牌知名度，最好采取这种方式，通过目前已经比较成熟的电子商务平台做分销，让产品以最快的速度覆盖到全网。另外，它还可以在保持不错利润的情况下，能够真正了解到零售以及互联网人群对购物的这种反应，包括定价、流行款式的反应。

3. 半独立式运营模式

其产品与现有线下市场所销售的产品有一定比例的不同，开始生产“网络专供品”，用两种产品体系来分别满足线下市场与线上市场的用户。如国内知名的运动品牌特步，成立了独立的电子商务运营公司，以淘宝旗舰店为主打阵地，不仅销售与传统实体店相同的产品，还根据网络市场消费者的变化开发网络新品（参见图 2-13 所示），并以此推动企业电子商务业务的快速发展。

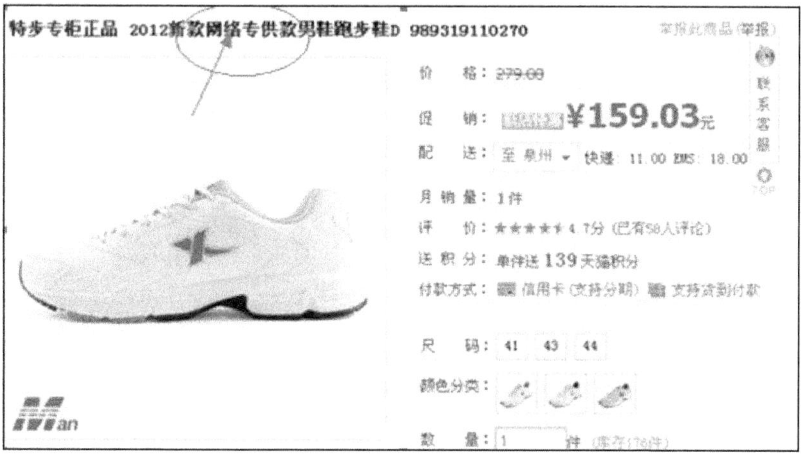

图 2-13　开发网络新品

再如网络上一些品牌的预售模式，如图 2-14 所示。

图 2-14 网络上的预售模式

4．完全独立式的运营模式

将电子商务当做一个全新的市场，在这新的市场中打造品牌，通过电子商务作为尝试或者起点的一种策略。例如，国内知名的男装品牌九牧王，就启动了网络专用品牌格力派蒙，区隔九牧王的主力消费群体，主打年轻一族，图 2-15 所示为格力派蒙的天猫旗舰店首页图。

独立式定位也是传统企业电子商务发展的方向，毕竟网络消费群体与线下消费群体始终存在着差距。现在的竞争大环境对市场细分越发重视，一旦能有传统企业充分地了解自己的细分群体，并使用完全独立的一套营销战略占据住这个市场，那么，很有可能，未来市场中的“天猫”、“京东”就在这些先行者中产生。

图 2-15　格力派蒙的天猫旗舰店首页图

图 2-16 所示为电子商务商业模式的定位模型。

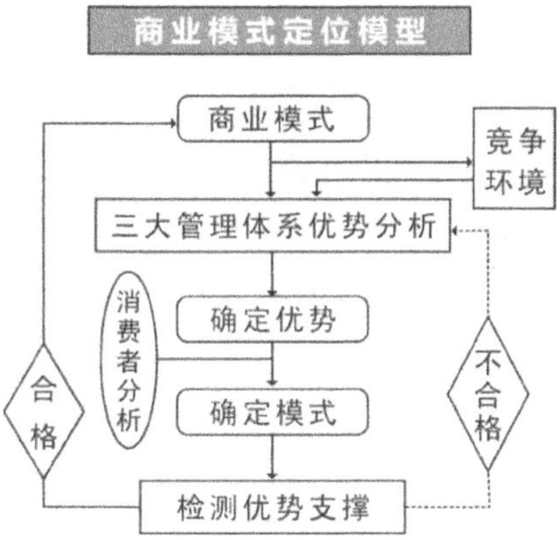

图 2-16　电子商务商业模式的定位模型

案例　横空出世的尚客茶品

尚客茶品的母公司是厦门赫赫有名的茶叶出口兼内销企业——山国饮业，在全国有300多家品牌店、形象店和旗舰店。2008年，这家杰出的茶叶类公司意识到电子商务的潜力，决定进军电子商务，于是，一个电子商务的茶文化故事便应运而生了。图2-17所示为尚客茶品的广告图。

图2-17　尚客茶品的广告图

定位：从年轻人的角度去品味茶文化

2009年2月，山国饮艺开办了淘宝网的山国饮艺旗舰店，对于如何融合线下线上渠道，发展出一个针对不同渠道来制订的更成熟的架构，成为当时的新焦点，这是渠道的颠覆。因为很多加盟商和合作伙伴，对于价格非常敏感，而项目组对网络分销商的把控却不理想，造成诸多投诉，对山国饮艺的品牌公信力和市场拓展带来了隐患。为了应对这个颠覆，于是创建了一个全新的“尚客茶品”茶叶品牌。

尚客茶品的 COO 吴文材对尚客茶品的产品定位用了诗一般的描述：想减肥就喝尚客柠檬草绿茶，想美白就喝尚客玫瑰白茶或尚客桂花乌龙茶，想清火就喝尚客菊花普洱茶；想表达爱意就给他泡一杯尚客玫瑰乌龙茶，浓浓的玫瑰香融合着清幽的乌龙茶香，是你内里炽热嘴上又不敢明示的爱慕；想让那个长舌妇安静点，就给她泡一杯尚客白牡丹白茶，清淡的茶汤让她心情平复不再饶舌；想安慰那个失意的年轻人，就给他泡一杯尚客祁门功夫红茶，浓烈的红艳和柔滑醇厚的茶汤助他重拾火热青春的激情。

吴文材说尚客茶品在产品开发、设计、生产、包装、客服、物流、售后等方面颇具心思，独具慧眼，个性极强。以打造品牌的方式来运营一个唯美的茶叶品牌，把时尚元素同传统农产品融为一体，她把都市的快节奏生活方式和身心健康的需求紧密结合。

尚客茶品的“淘品牌”历程

尚客茶品主打产品之一的安溪铁观音茶叶一直以其档次、品位、性价比等赢得了网上消费者的青睐。一款命名为“余香雅韵”的尚客茶品铁观音茶叶，在其上市短短的 5 天时间内，就已经创造销量将近 5000 份的惊人纪录。而在这 5000 份的销售额中，受到的好评率达到 99.9%。

独特的产品、快速的产品研发和优质的服务，赢来了丰厚的回报。在 2009 年支付宝“我最喜欢的购物网站评选大典”的评选活动中，尚客茶品成为茶叶类商家 TOP1，赢得了众多忠实“尚客”fans 的鼎力支持。

尚客茶品较早就认识到分销是一种趋势，于是引入了淘宝网的分销系统并加以深入研究和利用，为了让自己的优质产品设计能够尽快占领市场，很快，尚客茶品就开始发展网络代理商，尚客茶品挑选那些信用度在皇冠以上的卖家为代理商。在短短一个月内，尚客茶品在网上有了大小 300 家代理商，并且还有一些是五皇冠甚至金冠的淘宝大卖家和“历史悠久”的淘宝分销商家。

随着服务、品质、创新力、研发力逐渐展示出来后，一个形成于淘宝网、发展于淘宝网并在淘宝网上建立起来的、具有丰富新都市、新时尚元素的茶叶品牌出现了，尚客茶品就是这样发展起来的一个“淘品牌”。尚客茶品生于天猫，长于天猫，主要销售渠道在淘宝的互联网平台，从销售质优价廉的网货积累用户规模，到反向整合供应链，再到品牌营销和推广，以保持自己的核心竞争力。尚客茶品的进化历程，揭示的是一种完全不同于传统消费品牌的互联网品牌的生意模式。

由中国电子商务研究中心主办的“2009-2010年度中国网络购物网站排行评选”中，尚客茶品获得“最具发展潜力奖”。

吴文材说：“准确的定位加上创新力是尚客茶品逐步成功的法宝”。

第3章

传统企业触网的战略规划

电子商务是一个系统工程，主要分为三大管理体系，内部管理体系、营销管理体系、供应链管理体系。成功的关键在于营销管理和物流管理，其中包括市场定位、商业模式、网店设计、产品组合、营销宣传、供应链管理、客户服务、线上线下配合、电子商务人才等，因为电子商务不再依托传统的实体平台，而是利用互联网和信息技术来展开，所以，传统企业介入电子商务，如何掌握电子商务的这一套游戏规则，就是电子商务能否成功的关键。

第一节　制订传统企业触网的战略规划需考虑的问题

经常听一些企业主在谈论电子商务的时候很是羡慕的口气：

“XX 做网购一个款式卖了十几万件，他就把办公地点设在市场楼上，买款改标①然后就能卖，费用很少。”

“我也要做，这是个好机会，等别人做大了我们就没有机会了。”

……

电子商务网购的单款或单日销售量总是超出传统企业的想象，总会有日销售千万元的神话如春潮般在一些传统企业主的心里涌动着。不少传统企业只看到别人通过电子商务所带来的巨大商机，却对自身缺乏一个全面、清晰的认识和考虑。启动电子商务不仅只涉及资金、品牌，企业本身是否具备做电子商务的各种基本条件，是成功涉足电子商务的根本前提。

传统企业进入互联网与实体企业一样要做战略定位，只有确定了自己的核心优势或者核心能力，才是真正的价值所在，也是任何一家传统企业做电子商务能够成功的终极保障。

有些传统企业在传统的营销环境里是王者，有着资金的优势，所以在启动电子商务时一开始就把目标定太高，想很快就能获得与自己在传统营销环境里相匹配的地位，结果不尽如人意。也有传统企业寄希望于仿效或者直接套用别人的模式来发展自己的电子商务，不去打造自己的核心竞争力，只是为了一时功利、一味抄袭模仿，对自己今后电商的发展将造成很大的隐患。还有一些传统企业以为做电子商务就是在淘宝网上开一家官方的商城。

① 买款改标是指商家在市场上购买需要的服饰或款式，更换成自己品牌的吊牌和标签，然后以自己的品牌从渠道出售的一种形式。

传统企业要开展电子商务，要打破固有的思维模式，从战略的高度重视电子商务，将企业的电子商务发展纳入企业发展的总体战略目标。对电子商务的战略规划是企业电子商务成功的重要保障。战略定位决定着企业发展电子商务的速度和规模，当然盈亏平衡时间的长短也很大程度上决定了企业的战略决策。图 3-1 所示为传统企业实施电子商务全过程。

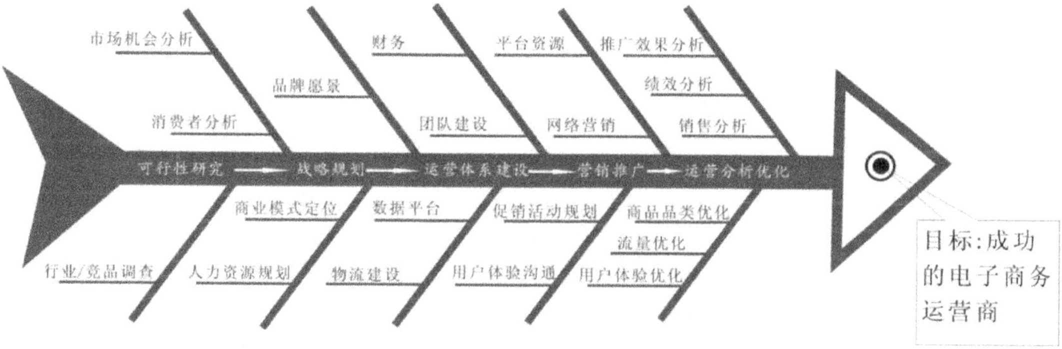

图 3-1　传统企业实施电子商务全过程

从鱼骨图上可看出，战略规划是传统企业实施电子商务不可或缺的环节，战略规划要明确方向，需要各个环节的共同努力，因此没有战略规划，电子商务的发展就没有前景。对于企业而言，电子商务系统的实施就是为了最大限度地扩大利润，增加企业收入，扩大市场份额，提高企业的核心竞争力，所以电子商务战略规划是要同企业的总体战略保持一致。

电子商务绝对不只是做个网页就能够将产品卖出去的事情。它是一个需要从产品、营销、物流、售后、IT、人才和资金保障各个层面都动员起来的工作，所以是否触网开展电子商务，对企业而言是一项战略性的决策。

对于想触网的传统企业，在计划开始之前，应该要先清楚以下三个问题。

1．电子商务对于企业的价值何在？

优衣库开展电子商务，是为了提高终端的覆盖能力；宝洁开展电子商务，是为了满足现有消费者的新需求；罗莱开展电子商务，是为了渗透新的消费群体……

2．选择何种市场战略？

在明确了价值目标后，企业需要围绕目标人群、品牌、产品的价格制订营销战略。是服务于现有的消费群，还是渗透新的消费群？是沿用现有的品牌，还是启用新品牌？是沿用现有的产品线，还是开发新的产品线？如何定价？如何规避线上线下的渠道冲突？营销战略将决定电子商务是否能实现企业最初的价值预期。

3．准备选择何种营运模式？

电子商务作为实体商务的虚拟化，营运模式必定脱胎于实体。经销、代销、直营、加盟、店、柜……但凡在实体零售中存在的形态，都可以通过虚拟化，存在于电子商务的世界：官网属于直营专卖店，天猫店属于店中店，一号店、京东商城属于专柜式代销，淘宝小店属于连锁加盟……

运营模式决定着企业的投入产出：需要多大的投入、多少队伍、多快的启动期、多长的回报周期、多厚的毛利、多大的销量等。

以上三个问题想明白之后，才能开始战略规划。

制订电子商务战略就是确定企业电子商务的发展目标，从赢利的目标来决定采取怎样的模式来获得利润。明确企业的获利方式、服务对象和服务内容，不同的商务模式直接关系企业实施电子商务系统所采取的策略和该方案的基本功能。而在确定了电子商务运作模式后，需要结合企业电子商务的特点，确定这一商务运作模式如何实现，即要确定实现这一模式的各个具体组成部门的逻辑框架。

电子商务的战略目标主要体现在品牌在线上的新定位和电子商务商业模式的定位。

电子商务的战略规划中有 8 大策略，参见图 3-2，这 8 大策略环环相扣，直接影响着企业电子商务的发展速度与结果。图 3-12 所示为电子商务的 8 大策略。

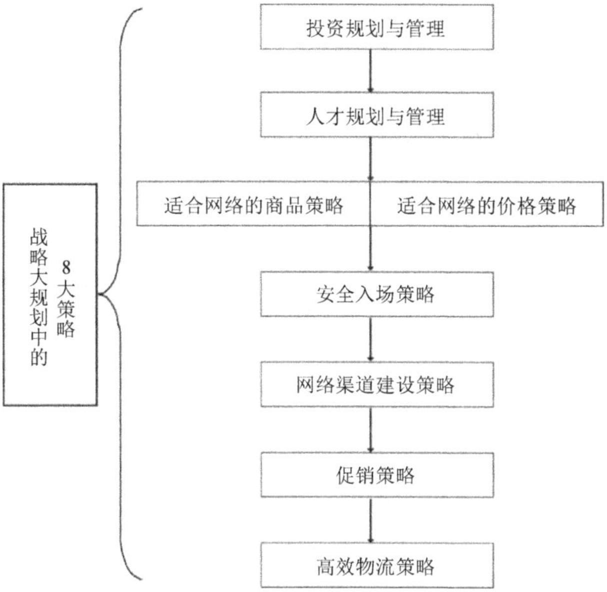

图 3-2　战略规划中的 8 大策略

1. 资金投入的规划与管理

传统企业实施电子商务资金投入的规划与管理非常重要。所谓资金投入规划是指传统企业根据总公司的年度营销规划，合理配置电子商务使用资金、构建资金组合达成营销目标。也就是说，根据企业年度营销规划中电子商务部门的年度营销目标，合理配置使用资金。对于电子商务来说，资金是用以营运的，所以资金管理在业务过程中处于重要地位，对利润目标的实现会产生重大影响。资金管理是对业务过程的控制而不是限制，它的宗旨是促进销售部门减少销售风险，提高利润水平。电子商务经营成本的构成如图 3-3 所示。

在电子商务活动中，最大的投入就是宣传费用和人工成本。对于传统企业来说，资金本是实力的体现，大多数传统企业不缺资金，只是不知道如何设定 KPI②对资金进行管

② KPI 是关键绩效指标法，对绩效的评估简化为对几个关键指标的考核，将关键指标当做评估标准，把员工的绩效与关键指标做出比较的评估方法。

理与风险防范。

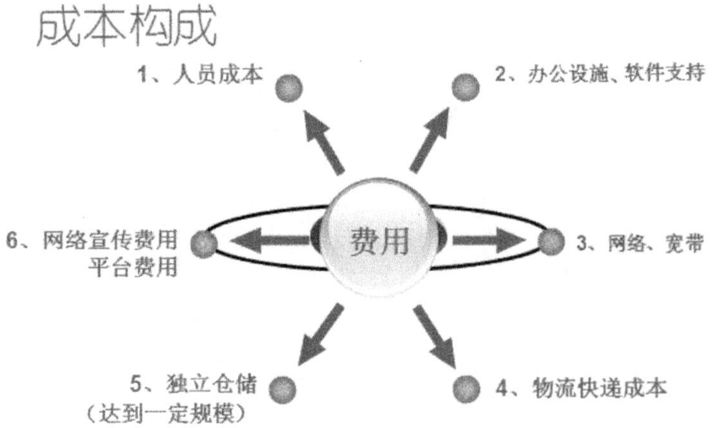

图 3-3　电子商务经营成本的构成

2．传统企业启动电子商务，解决人才的问题是关键

电子商务是新的生产力，它是在掌握电子商务技能的复合型人才管理下，运用系列化、系统化的电子工具从事的商务活动。

目前国内传统企业做电子商务在组建团队时容易犯两种错误：

- 用自己完全不懂互联网的子弟兵作为电子商务部门的核心管理层。
- 请徒有虚名的大公司高管或只会写博文、写似是而非的理论而本身没有实战经验的伪专家。

传统企业要想做好电子商务，既需要有成功经验的互联网人帮助企业制订策略、搭建架构、组建团队和日常运营，也需要熟悉企业内部结构和商品经营并有一定话语权的人来负责沟通，寻求企业支持，协调整合资源。要学会用互联网的方式做传统零售，而不是用传统的零售方式做互联网。电子商务需要既懂互联网又有市场敏锐度，能将两者有效融合的跨界人才，要有（技术人才）互联网的方式+（零售人才）传统渠道的经验，这样才能达到鼠标+水泥的完美结合。

例如，福建正大集团组建电子商务部门就是采取传统营销人才+电商专业人才的模式，快速启动电子商务部。由有多年传统营销经验的团队负责产品统筹和促销活动的策划，专业的电子商务技术人才负责店铺的运营和渠道的拓展。所有人员都很快地上手，整个部门快速有序地运行，并取得不错的成绩，当月上线，当月销售破十万。

3．开发适合网络消费群体的商品策略

传统企业线下实体店销售的产品究竟适不适合在网上销售，除了那些价格合理、需求普遍、产品延展性强的品类，很多时候，电子商务消费群体的特性会要求企业去做一定的创新和变革，甚至是放弃。对于刚进驻电子商务或准备启动电子商务的传统企业，建议在第一阶段采用的是库存量转移的策略来启动电子商务。

4．适合网络平台销售的定价策略

由于网上信息的公开性和消费者易于搜索比价的特点，网上的价格信息对消费者的购买起着重要的作用。消费者选择网上购物，一方面是因为网上购物比较方便，另一方面可以从网上获取大量的产品信息，多番比较，择优选购。网络定价的策略有很多，根据网络营销的特点，主要分为：低位定价策略、个性化定制生产定价策略、使用定价策略、折扣定价策略、拍卖定价策略和声誉定价策略。

并不是网上卖的东西就一定要走低价策略，要与线下做区隔，找到不同的优势。与线下一致的产品要统一控制在自己的价格体系内，新品全价卖，过季打折；而网络专供款，可以充分利用品牌自身的带动力，用另一套定价策略与线下做合理差异化。

图 3-4 所示为定价思路。

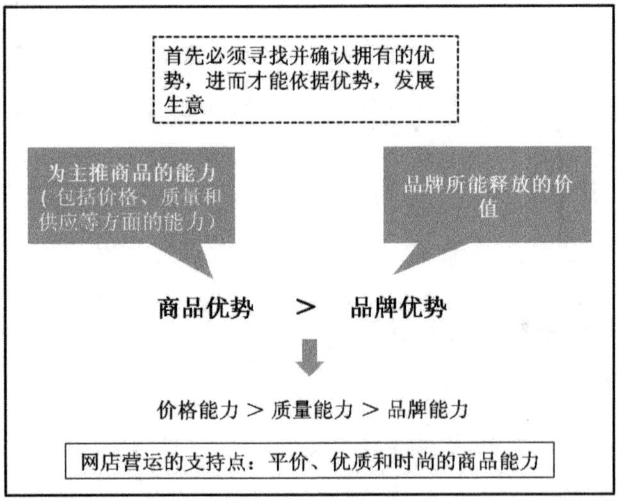

图 3-4　定价思路

5．网络渠道建设策略

在中国特色的传统商品销售领域里，渠道为王的模式大行其道。在当前互联网流量如金的背景下，流量入口的资源争夺战越来越激烈，单个网店的销售就像品牌在线下只开一个单店的销售一样，所以渠道为王的理论在网络世界同样大行其道。

对于从事网络营销的企业来说，熟悉网络分销渠道的结果，分析、研究不同网络分销渠道的特点，合理地选择网络分销渠道，不仅有利于企业的产品顺利完成从生产领域到消费领域的转移，促进产品销售，还有利于企业获得整体网络营销上的成功。相对于传统的营销渠道，网络营销渠道也可分为直营和分销渠道。

6．安全的入场策略

“如何启动电子商务？”是很多传统企业初期最常有的困惑。传统线下品牌商切入电子商务，建议从淘宝网开始，淘宝网聚集了中国最大量的网购人群，其每天几千万的流量是最有价值的资源。由于淘宝网上的购物需求量使得传统企业在最初就能做出好的业绩，并获得信心，之后再根据自己的特点定位适合自己的电子商务商业模式。先在潜水区练兵，适应后逐渐游向深水区，最终实现无店铺多渠道销售。

事实证明，很多传统企业做电子商务比较成功的都是在淘宝网试水起家，比如百丽、博洋家纺等。

图 3-5 所示为博洋家纺的淘宝网上的店铺。

图 3-5　博洋家纺在淘宝网上的店铺

7. 精准高效的促销策略

随着网络的日趋普及，网购不再只是小部分潮流领先人士的尝鲜行为，已经成为普通大众生活方式的一部分。而在网络竞争之中，网络促销成为市场赢家的不二法则，且一直持续升级，成为市场营销的一种现象。岁末年初，光棍节、圣诞节、元旦、春节、情人节等“洋节”、“土节”蜂拥而至，历来都是商家的销售高峰。不仅实体店里各种促销活动此起彼伏，互联网商家们也应势而动，各种网络促销方式在很大程度上刺激着消费者的兴奋点，不断提升消费者的购买欲望。但是，这终究只是短期行为，企业要想长期保持消费者的购买热情，就必须对各种网络促销形式进行分析组合，选择适合企业的促销策略，制订相应的促销计划、促销日程表。良好的促销活动，不仅可以诱导需求，还可以为消费者创造需求，挖掘潜在的顾客，最大程度地扩大销售量。

图 3-6 所示为某品牌的促销广告图。

图 3-6　某品牌的促销广告图

图 3-7 所示为某品牌的年度促销规划。

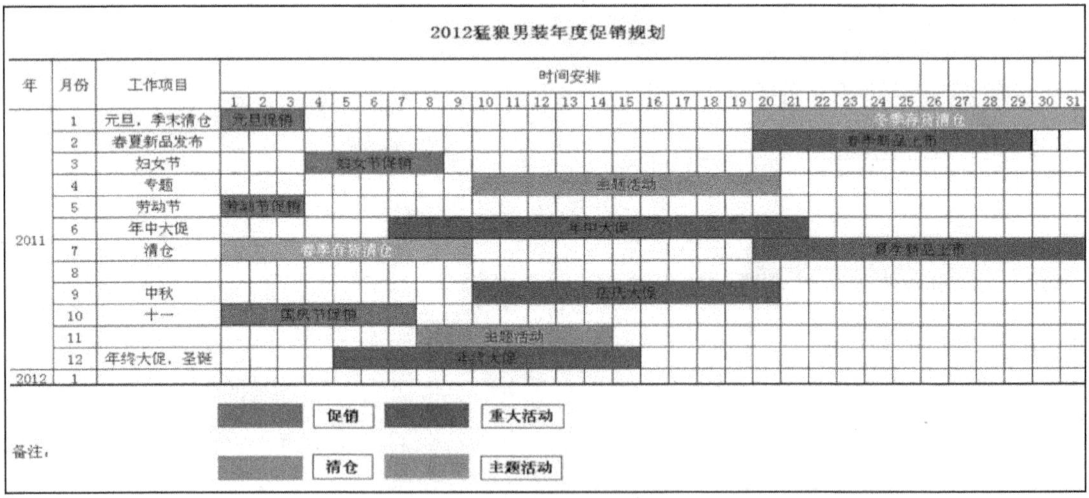

图 3-7　某品牌的年度促销计划

8. 高效完美的物流服务策略

完善的电子商务体系包括：营销管理、供应链管理和内部管理三大系统，其中物流是动脉，在电子商务中占有非常重要的地位。

现在的电子商务已不再是当初为产品拍一组照片，加上描述就有人买的阶段。已经进入渠道竞争的阶段，而且竞争是日益激烈，最后随着网络平台的增多，网络渠道越来越畅通，电子商务会逐渐向效率竞争进化。

例如：服务效率，京东商城有一个 211 的服务承诺，上午 11 点前下的订单当天收到，晚上 11 点前下的订单，次日收到。另外就是库存周转率以及资金使用率，就如福建石狮的猛狼服饰甚至可以做到一个订单一个订单来做，备料不备款，今天下单明天就做出来发货。

网络购物的每个订单都要送货上门，而传统店铺销售则不用，因此，电子商务的物流成本更高，配送路线的规划、配送日程的调度、配送车辆的合理利用难度更大。

传统企业完善电子商务物流系统，需要把传统的物流管理涉及的仓储、采购、运输、物流标准等要素与电子商务系统实现和谐对接。传统企业的物流系统和管理流程并不适合电子商务，传统企业原来是整进整出或整进零出到货架为止的，主要配送方式为物流公司整车或整批次汽运或空运，表现特征为大批量少批次。而电子商务是整进零出到全国各地的消费者手里，主要配送方式为仓储人员散单配货、快递公司散单发货到消费者手中，表现特征为小批量多批次。因此物流系统不能脱离电子商务环境，需要建立一个适合电子商务的物流系统和管理流程，也就是要有独立的 ERP 系统，再和传统企业已有的管理系统对接，这样才能更快捷有序地运行。在构建企业电子商务系统的同时，物流外包、合作等方式都可以解决物流配送问题。国内最大的物流公司中国邮政，就有独立的物流配送体系如 E 邮宝支持传统企业电子商务的物流配送。

不同的企业根据自身的特点对电子商务的需求也不一样。例如，优衣库把网络看成是一个大终端，所以它只开了一个官网，在官网上把销售做大；李宁把网络看成是一个新兴市场，因此它整编了无数网店，制订了规范的渠道管理规则，以店多赢市场。我们都知道电子商务的电子部分是基于 IT 水平的，而国内大部分传统企业的 IT 水平都偏低，甚至不少实力很强的传统企业都未实现单品管理和实时库存，更别谈什么供应链管理。有些传统企业不敢触网的重要原因之一就是电子商务模式对传统企业的物流仓储及管理流程的冲击影响了信心。没有能够变革的能力，就无法为电子商务提供竞争优势，亦不足以支撑自己的决心进行持续投入。

淘宝网的一个大卖家曾说："现在，网上一搞大型促销活动，快递就爆仓，货物都停在路上，无法送到顾客手中。"其实，电子商务与物流是一对天生的搭档，电子商务离不开物流的发展，需要物流体系强有力的支持；同时电子商务又给物流的发展提供了难得的发展机遇，为其指明了发展方向。因此，企业要想在电子商务环境下取得预期的促销效果，就要在经营发展中合理地规划企业的物流系统，制订正确的物流目标，有效地进行物流配送环节。

传统企业如果不具备能够支持电子商务活动的现代化物流体系，只是盲目发展电子商务，而不注重发展和配备现代化的物流模式和配送体系，这样做电子商务注定要以失败告终。

当然，竞争的最后一个阶段就是品牌竞争阶段，这个阶段是竞争消费者心中的地位。电子商务作为一种新的商业模式，其商业应用价值具有多面性，如果企业只是笼统地做销量，而没有落实到具体的价值点，那必定影响到企业发展战略的精确性。

图 3-8 所示为传统企业电子商务战略规划模型。

从这个模型上看，首先是企业在总体的发展战略前提下，尽可能地把所有的资料收集齐全，能收多全就收多全，无论是内部的还是外部竞争环境的。收集到的资料要进行分析，分析的结果才能作为战略决策的参考依据。

在战略规划的过程中，要确立电子商务部门的地位，这很重要。

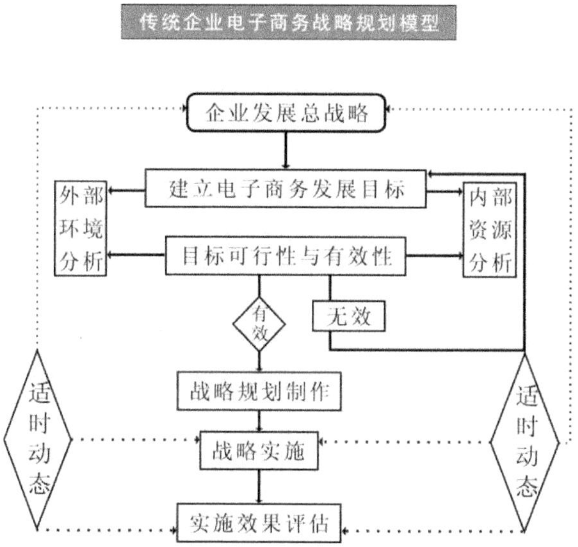

图 3-8　传统企业电子商务战略规划模型

我曾经与一家传统企业的老板谈及他公司的电子商务业绩，老板唉声叹气连说电子商务不好做，然而从他口中得知他公司的电子商务部门居然是挂在销售部下面。销售部是用数字说话的，同时又负责全国的代理商的销售服务，虽然对产品本身了解、对产品的卖点提炼很到位，但对互联网技术和零售技巧完全不了解，当它和线下的渠道发生冲突的时候，线上必然成为牺牲品，很容易无疾而终或中途夭折。

也曾见过一些传统企业电子商务是挂在市场部下面，考虑问题的前提是以市场规范化管理，网络店铺做成了一个正价新品但生意不好的形象店。某知名的运动品牌因为品牌部与网络推广联系较多，就让品牌部的人去管理电子商务部门。品牌部的人对产品不熟悉，对商品管理不了解，结果传播效果达到了，但销售却远不如同阵营的其他品牌。

未来传统企业的电子商务会根据自己的规模和在互联网上的份额，选择不同的电商路线。

1．一线品牌电子商务渠道化

这类企业做电子商务的初衷或多或少是无耐之举，为了应对网络铺天盖地的产品，价格混乱甚至是假货的冲击，不得已走进电子商务。但由于他们在传统营销环境里庞大的体系，“牵一发而动全身”，不可能将互联网上的销售独立在实体营销体系之外。有些企业，总公司并没有开展电子商务，有先见的代理商、加盟商早已在网上做得风生水起；由于没有管理，所以是混战一气，互相厮杀，同根相煎。因此，电子商务对他们来说一定是对线下的互补，对于这种企业线上是新通路，做电子商务是做新渠道。那么管理新渠道，最多是在产品上做些区隔，做一些特款和长尾进行差异化和补充；利用线下已经形成的巨大品牌和资源优势做到大盘的5%还是有可能的，量级在B2C内也能占一席之地了。目标是电商卡位抗衡线下实体，核心是电商团队要成为体系内的一级事业部，定位成现在的价值中心、将来的利润中心而非成本中心，重点是配合B2C的整进零出，卖点是“更多商品，尽在网上”。

2．二、三线品牌电子商务市场化

本来就不是市场领跑者，复制到线上相对优势也不大，体系也不是那么复杂臃肿，最好的方式是把电子商务当做线上布局。把线上看做新市场，高举高打、扩张占领野蛮生长，成立完全独立的电子商务公司；完全满足线上用户好货、好价格的需求，与线上的领先企业一争长短，亦能搅乱已经形成的线上市场格局，冲击领先者，成为新的营运增长支撑点。例如：某传统一线男装品牌凭借品牌的力量在网上轻松做到几亿，但同样是男装二线品牌就很难做到，互联网的特性是“歧视”小牌子但不“歧视”新牌子。所以完全有可能出现类似当年“晋江频道”的现象，通过在网上铺天盖地打广告，砸出一个货品上架时间以天为单位、价格不到传统一线品牌一半，而品质和设计相近的网络品牌。这就是为什么在互联网上宝洁卖不过柠檬绿茶，飞利浦卖不过小熊电器，奥康皮鞋卖不过Mr.ing的原因。当然，这必须要求企业具备优秀快速的供应链管理能力。

对于二、三线品牌来说，布局电子商务后加快管理体系建设的速度与强化管理体系的健康程度决定了企业后续在电子商务领域里的生命力。

图3-9所示为电子商务的三大管理系统。

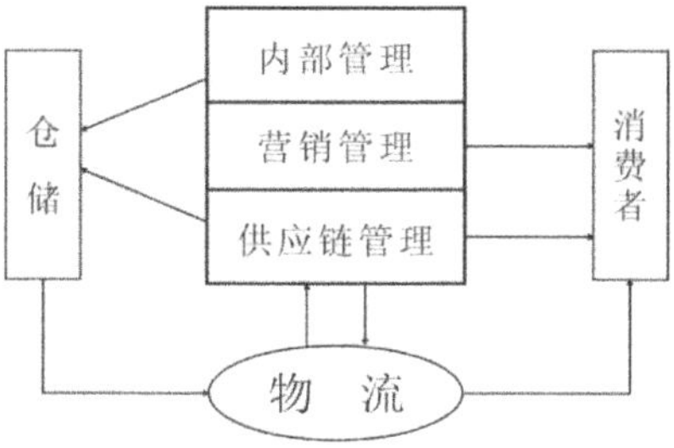

图 3-9　电子商务的三大管理系统

第二节　互联网上品牌管理体系的建设

品牌价值创造建立在消费者价值的基础之上，品牌管理是一个内外兼顾的管理系统。对外通过与顾客良好的沟通，在顾客心中树立良好的品牌形象，让消费者产生信赖感，同时提升社会大众对企业的好感。品牌对外需要进行管理维护，对内也同样需要进行精心的呵护与传达。对内是在企业内部形成良好的企业文化，增加员工对企业的好感与责任感；完善的内部品牌管理可以凝聚内部员工的向心力与归属感。如果说企业对外的品牌管理的主要目的是提升品牌的知名度、美誉度、影响力、产品销量等，那对于企业内部而言，品牌管理就是为了使企业内部形成良好的企业文化，并大大增加员工对企业的信任与责任。

在传统营销环境里，不仅仅是产品同质化，就连企业的竞争策略、营销模式等多个方面都呈现出同质化的特点。在这种情况下，价格战、促销战、资源战、成本战就成为很多企业主动或是被动的选择，从而导致不少企业陷入微利经营的窘境，甚至出现行业整体性亏损的极端现象。所以在互联网这个新的营销领域里，传统企业必须要把电子商务领域的品牌建设提升到战略层面来重视。只有不断创新满足消费者不断增加的需要，才能维护品牌在新的领域里的生命力，才能在互联网上建立有效的品牌价值支撑，从而让消费者对品牌产生认同。如果缺乏有效的品牌管理导致品牌管理职能缺失，品牌管理处于无序和盲目状态，也就无法形成以差异化为主导的良性市场竞争态势，企业触网也无法有效地持续发展。

图 3-10 所示为电子商务品牌管理的成长路径。

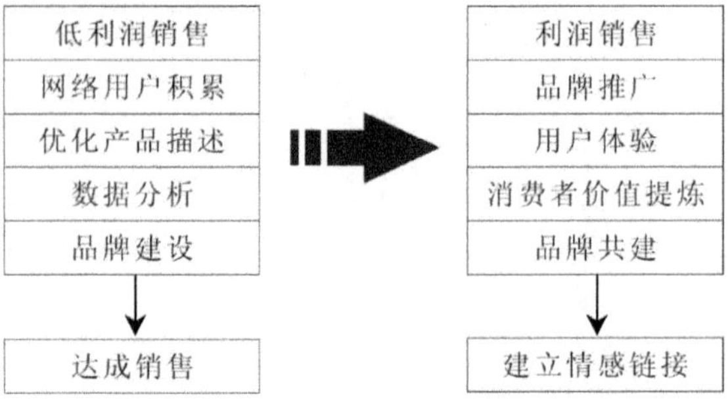

图 3-10　电子商务品牌管理的成长路径

在许多消费者心中，网购几乎是打折、廉价的象征。几乎所有的电子商务平台都将折扣作为吸引消费者的一大手段，这样违背了品牌的生存之道，会将传统品牌多年积累的美誉度破坏殆尽，所以传统企业一定要重视品牌在电子商务活动中的管理。

传统企业发展电子商务，品牌在互联网上的管理同样重要，最好的方法是把自身传统的强项移植到互联网中。在线下是卖牛仔裤就专注去卖牛仔裤，不要轻易去做牛仔裤以外的东西。与传统营销环境一样，并不是所有的消费者都能成为你的用户，要做市场细分。细分市场并不仅是一次简单的产品聚焦过程，还是一个客户群体筛选的过程。

我们可以把目标消费者划分为：新顾客、促销型顾客、老顾客、VIP 顾客。新顾客会选择尝试性购买，并不确定能否成为回头客，这类顾客需要更多的服务，力争让他成为你的老顾客。促销型的顾客是因为你的折扣、秒杀所吸引，这类顾客并不能成为你的主流消费者。老顾客是对你的品牌或产品有一定的认可，但需要维护的群体。VIP 客户是老顾客中的一种衍生客户，对品牌的忠诚度较高，是最核心的用户。品牌管理最终目的就是不断拥有更多的忠诚度较高的消费者。

传统企业在与消费者的沟通上，要注重加强品牌在互联网上的曝光率。每一次的互动体验性活动都要让消费者对品牌产生好感，拉近彼此的认识，增进彼此的感情，增加彼此的信任，增强消费者的感知。利用线下实体的优势增加消费者的体验，实现互联网虚拟空间与传统实体店的互动，让消费者洞察品牌价值，同时要注意引导消费者参与企业的品牌建设，通过品牌的共建，最终与消费者形成情感链接。

互联网世界中品牌的管理与传统的品牌管理一样，主要着重于三个方面：品牌知名度、品牌美誉度和消费者对品牌的忠诚度。与传统实体营销环境最大的不同是这几个方面都可以用相关数据来体现品牌在互联网上的状态。

图 3-11 所示为互联网品牌管理指标。

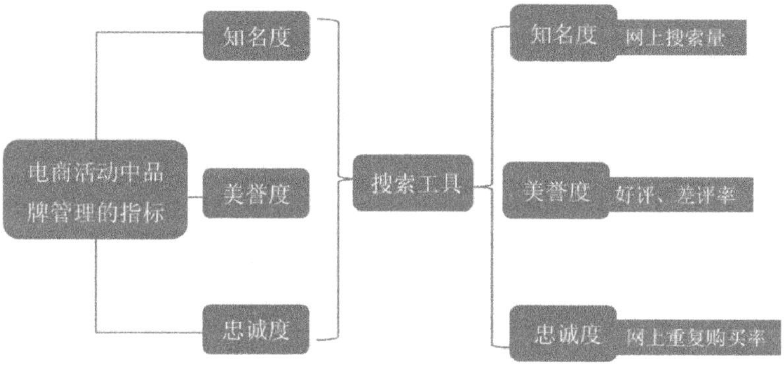

图 3-11　互联网品牌管理指标

第三节　营销管理体系的规划与建立

传统企业要介入电子商务，虚拟商务与传统商务在人才素质结构、管理流程、管理模式、绩效考核标准等各个方面，都存在巨大的不同。优秀的内部管理系统是电子商务能否顺利进行的重要保障，所以，企业在设立部门、事业部或独立公司时，都应该对组织结构、工作流程及标准、绩效考核等各方面进行有异于传统营销的调整。如果将电子商务看做是一种投资布局，未来要做成独立的品牌模式或者平台，那么，就需要设立专门的电子商务事业部，甚至设立专门的独立公司。除了组织结构的调整，在电子商务管理中，以客户体验为中心，“标准、规范、效率、满意”为目标是管理的核心。要让管理流程和系统能够自动运转，激励性的、高效的个人/团队的绩效考核至关重要。电子商务的绩效考核指标与传统商务是有差别的。电子商务除了销售业绩之外，在访问量、转化率、重复购买率、用户体验（出库速度、准确度、到货时间、售后服务响应等）等方面，都是绩效考核的重要指标。

传统企业做电子商务，设立电子商务业务部门或独立公司，要快速建立健全的管理体系，需要对电子商务的业务结构进行分解。根据电子商务的业务结构对管理流程进行再造，精简管理流程，设立对应的职能部门以适应互联网快速的特性。

图 3-12 所示为电子商务 B2C 业务功能的分解。

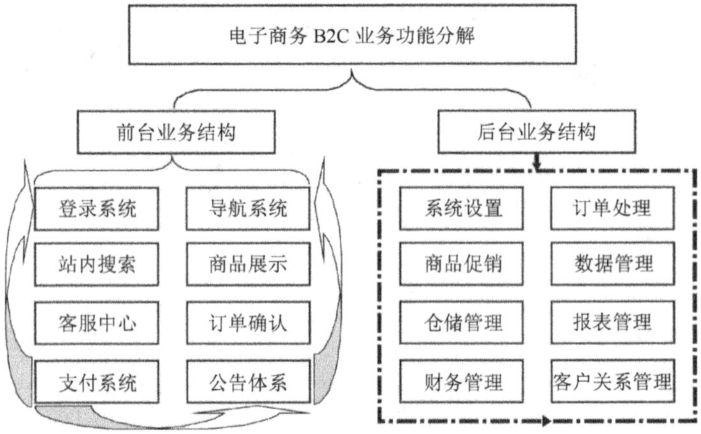

图 3-12　电子商务 B2C 业务功能分解

从图 3-12 所示的电子商务业务功能分解可以看出，前台的主要职能是面对消费者、服务消费者，后台的业务功能中，商品管理起了非常核心的作用。根据业务功能的分解，需要设立商品部、策划部、运营部、客服部、渠道部 5 大业务部门。

图 3-13 所示为对应电子商务（B2C）的业务职能部门结构图。

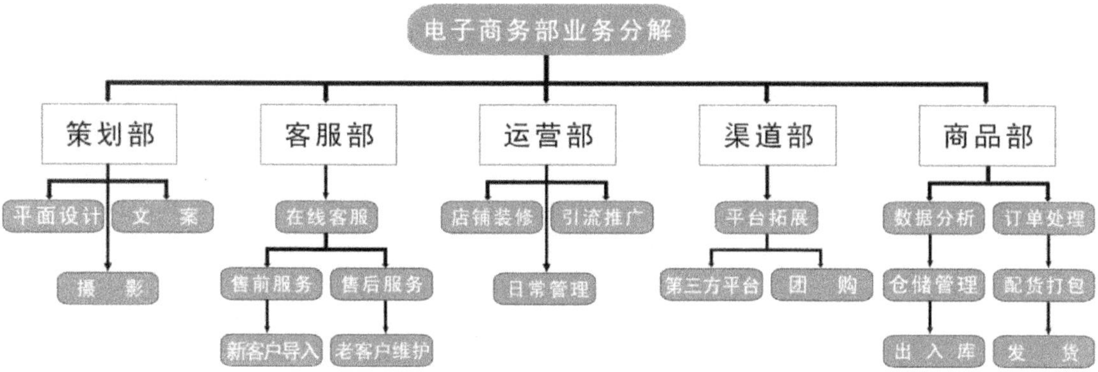

图 3-13　电子商务业务职能部门结构图

一、组织结构的建立

商品部负责采购、数据分析、利润控制、仓储和物流配送的管理，应确保准时、高质量送达。

运营部负责电子商务各系统的技术对接与维护，产品、内容展示、制订促销活动计划及提高用户体验。

渠道部负责开发并推动业务模式在各平台的发展。负责发展、管理分销商和渠道商，保障公司的渠道策略、代理协议能够顺利执行；协调公司各部门资源，对代理商提供支持，跟踪行业的发展趋势，建立和完善营销信息的收集、处理及交流工作，为公司市场活动提供依据。

客服部负责客户服务，提升客户满意度和订单转化率。

策划部是以企业的品牌管理、促销策划、视觉管理为主要工作的部门。

除了组织结构的调整，专业的电子商务人才也是一个让人头疼的问题。正如七匹狼董事长周少雄所说：传统人才不知道顾客的属性与广告投放的方式，而电子商务人才对网上人群和互动方式了解，却缺乏对产品的认识。传统企业做电子商务失败的原因大都是因为用传统的人和传统的方式做互联网上的业务。然而这种现象在很大程度上无法避免，现今社会电子商务人才产出，还无法跟上电子商务的发展速度，专业的电商人才是各个企业的争夺对象。所以，电子商务人才是稀缺资源，而传统和电商的双栖人才更是稀缺中的稀缺。

较合理的电子商务团队的人才结构应如图 3-14 所示。

管理层	有传统营销经验的人才
技术层	有互联网经验的推广人员
执行层	有销售经验的基础人员

图 3-14　电子商务团队人才结构

图 3-15 所示为某集团企业组建旗下电子商务部门（初级）的组织架构。

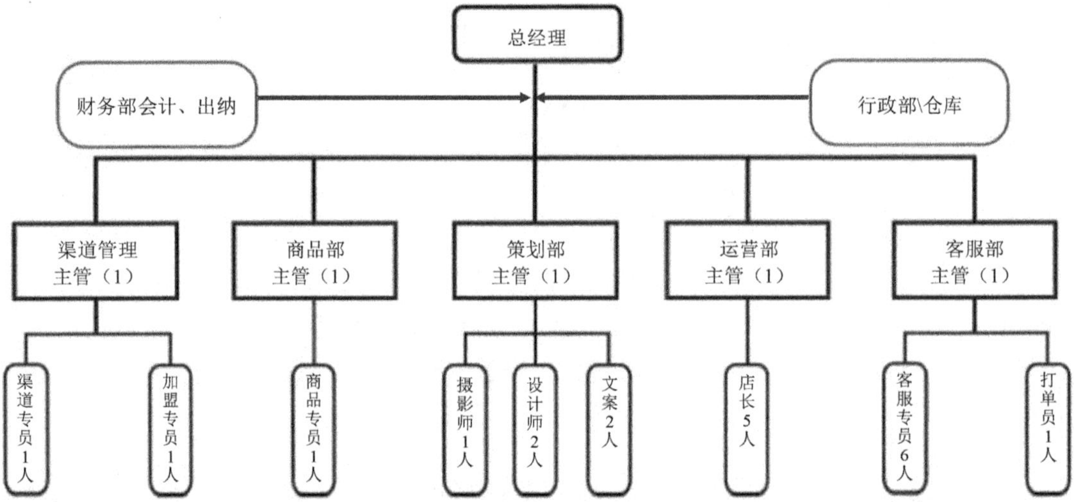

备注：人员编制暂定为 26 人，视业务发展速度适时调整编制。

1. 财务部由公司财务部管理，项目部并不单独设立；
2. 行政人员与福建分公司分享；
3. 仓储\物流由福建分公司统一管理，并不单独设立。

图 3-15　电子商务项目部组织架构图

二、工作标准与流程的制订

健康的企业管理系统是一个能够有效地自行运转的系统。在电子商务企业管理中，以客户体验为中心，以“标准、规范、效率、满意”为目标的内部管理体系，是管理的关键。

所以，对于业务流程的规范、工作标准的规范，都是企业需要加以重视与加强的，要努力实现业务考核体系的标准化、数据化。

图 3-16 所示是电子商务运营考核的核心元素树状图。

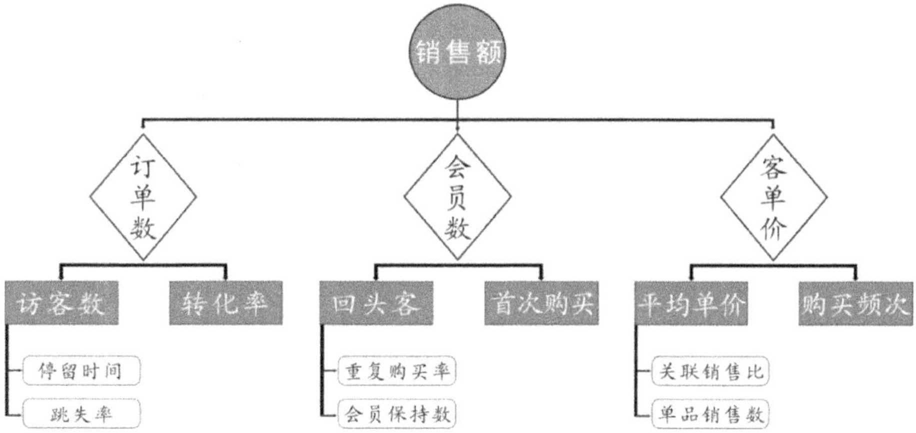

图 3-16　电子商务运营考核的核心元素

三、绩效考核体系

要让管理流程和系统能够自动运转，建立一个激励性的、高效的个人（团队）绩效考核体系至关重要。而电子商务的绩效考核指标与传统商务有很大差别。电子商务除了销售业绩之外，对访问量、转化率、重复购买率、用户体验（出库速度、准确度、到货时间、售后服务响应等）等方面都有要求，它们都是绩效考核的重要指标。

首先，绩效指标的设计要有递进性，要围绕部门的绩效目标来分解各个岗位的绩效目标。明确完部门的关键绩效指标后，再去分解员工的关键绩效指标，明确每个岗位上的关键绩效考核指标。所有的考核要数据化，因为只有数字是最明确、最能客观说明问题的，如果不能量化，绩效考核就没有意义。

其次，电子商务部门的绩效考核要根据电子商务不同的发展阶段，给部门制订不同时期的关键绩效指标。传统企业开展电子商务，一般刚开始以市场占有率为主要工作，进行库存与现金流周转；最后再转为利润为核心，通过已占据的市场以及开拓的新市场进行赢利。所以这一阶段的绩效考核应该是以销售额为主要考核目标。第二阶段应该是以销售额与销售数量为主要考核目标。第三阶段就是以销售利润为主要考核目标。高级阶段除了销售利润之外还有一个重要考核目标，就是品牌的维护。不同的阶段有不同的考核重点，不是一开始就将所有的目标都定为考核重点，那样会造成因目标不切实际，很难达成，导致团队的信心受影响，考核就成了一纸空文。

因此，根据电子商务的不同阶段发展，制订不同的关键绩效指标是一项非常重要的工作。下面是一份绩效考核办法示例。

电子商务部绩效考核办法（草案）

一、考核目的：为了更好地调动员工的工作积极性和热情，实现员工多劳多得，提高员工的工作效率。

二、考核对象：考核办法所考核的对象为电子商务部门全体已转正人员。

三、考核周期：每月1日至月末最后1日（每个自然月）。

四、考核目标

（一）关键绩效指标考核数据来源

1．业绩报表及后台数据。

2．固定旺旺小号。

3．子旺旺添加。

注：售后及其他部门临时顶岗，计入每周排名，但不作为考核对象，但各项指标不得低于店铺平均水平的50%，否则不享受客服抽成。

（二）关键绩效指标（以下指标每周进行统计，进行周排名）

1．询单人数比：总的询单人数/接待人数。

2．顾客下单率：当日下单人数/询单人数。

3．订单付款率：一周付款人数+当日付款人数/下单人数。

4．付款客单价：每位顾客付款的单件产品价格。

5．转化率：产生购买行为的客户人数/所有到达店铺的访客人数。

6．旺旺回复消息数：客服回复顾客咨询消息的数量。

7．旺旺回复率：客服回复顾客咨询消息的数量/顾客咨询消息的数量。

8．旺旺平均响应时间：客服回复顾客咨询的时间长度（以秒为单位）。

9．顾客流失率：顾客进店却未能实现购物人数/顾客进店购物人数。

10．当月任务完成率：每月的业绩达标比例。

11．落实他人订单付款金额：并不是第一时间咨询自己，而是帮助同事跟进落实顾客付款金额。

12．每周业绩排名：每周销售业绩指标排名。

（三）考核指标解释

1．旺旺回复消息数比：与买家多沟通才能促使成交，客服不能是机械性的问答，故此指标低于2次非自动回复扣2分。

2．旺旺回复率：必须是100%，低于该标准扣1分。

3．旺旺平均响应时间：平均响应时间为35秒，低于平均水平扣1分。

4．当月任务完成率：当月完成指标占总指标的百分比，完成率前3名附加1～3分。

5．落实未付款订单并促成付款：附加分，视情况附加1～3分。

6．每周业绩排名：排名前3的附加1～3分不等。

表3-1所示为客服考核表。

表3-1　客服考核表

以下项目由被考核人自行填写（权重占比：销售业绩占50%，职业技能占50%）							年　月　日
姓　名			旺号			自评分数	
本月个人销售指标						完成率	
本月销售单数			本月销售金额			月投诉次数	
月关闭订单数			月退款单数			换货次数	
以下项目由被考核人直接主管填写				实际考评分数			
序号	指标及任务		分数	评定标准	自评分	上级评分	考核方式
1	业务指标（50分）	本月销售指标完成率	50	按完成比			

续表

序号	指标及任务		分数	评定标准	自评分	上级评分	考核方式
2	服务态度（10分）	旺旺响应时间	3	指顾客咨询到客服回应的第一次时间差的均值，咨询与回复时间差不超过20秒			旺号聊天记录查询
		旺旺未回复率	2	0.5%扣1分，1%～2%扣2分			
		与顾客交流质量	2	耐心程度			
		标准术语接待	2	专用销售用语使用率			
		好评率	5	90%扣3分，95%扣2分，98%扣1分			
3	业务技能（35分）	月平均客单件数	5	月平均客单件数少于2件的为0分			
		差评次数	3	1次扣1分，2次扣3分			
		咨询转化率	5	咨询次数与成交次数比			
		月退款单数	5	1%不扣分，1%～2%扣1分，2%～3%扣3分，3%以上扣5分			
		月关闭订单数	5	1%不扣分，1%～2%扣1分，2%～3%扣3分，3%以上扣5分			

续表

序号	指标及任务		分数	评定标准	自评分	上级评分	考核方式
		月投诉次数	5	1次不扣分，2次扣1分，3次及3次以上扣5分			
		月换货次数	5	1次不扣分，2次扣1分，3次及3次以上扣5分			
		货品的熟悉度	3				不定员/不定期考核
4	团队合作（5）		5	一次投诉合作不好扣2分			

考核人：　　　　被考核人：　　　　审批：

（四）店长考核表

1．店铺运营动态评分

① 较上月提升或降低：月头、月尾统计具体数据。

② 与同行业平均水平相比。

（1）部门平均转化率

（2）部门平均客单价

2．销售目标考核

销售任务指标=预估店铺总销售额×客服销售比平均值（注：遇大活动可参考双 11 月数据）

① 考核奖金（X）=本月客服部销售总金额×考核得分系数+客服个人业绩任务金额提成 20%+任务外提成金额 10%+（部门奖励）或（-处罚）

② 考核得分系数=部门销售任务完成率×部门平均转化率×1%

③ 薪资构成=（基本工资+全勤奖+加班工资）+绩效奖金+行为奖励+销售提成

④ 特殊贡献者：当月晚班加分 2 分，发现各类错误及时协助修改，为公司挽回损失加 1～5 分

本考核方案自公布之日起实施，并经部门全员会签确认。每月 5 日前由部门负责人根据部门业绩按考核标准制订《客服部绩效考核薪酬表》，上报运营经理审核，审核通过后报批确认签发。表 3-2 所示为店长考核表。

表 3-2　店长考核表

店长月份考核表					
店铺：		被考核人：		考核时间：	
类　目	项　　目	分值	自评分	考核分	说　　明
运营指标（权重占比 40%）	PV 数（流览量）	10			以 100PV 为单位。低于 100PV 为 0 分，满分 10 分
	UV 数（访问数）	10			以 100UV 为单位。低于 100UV 为 0 分，满分 10 分
	流量转换率	5			网页点击次数转换成购买力或利润的比率
	销售 SKU[③]集中百分比	8			百分比控制在 10%以内，超过 10%为 0 分
	新品上架完成时间	2			新品上架时间为设计交稿后 2 个工作日内
	特价销售额占比	5			特价指无利润商品超过月总销售额的 20%为 0 分

③ SKU 为库存进出计量单位，即保存库存控制的最小可用单位。

续表

类　目	项　　目	分值	自评分	考核分	说　　明
促销活动指标(权重占比 30%)	店内促销策划次数	5			每月大促销一次 2 分，小促销一次 1 分，大促销标准是销售额占总月销售额的 30%以上
	店铺收藏增加数	3			收藏比上月增 50 人为 1 分
	平均客单价	2			平均客单价低于店铺平均客单价考核为 0 分
	退货率	3			超过 5%的退货，考核为 0，不含质量原因退货
	调换货率	3			超过 10%的调换货考核为 0，不含客人自己原因调换
	重复购买人数	7			重复购买 5 人为 1 分
	店铺运态评分	2			较上月提升或下降
	“掌柜说”更新数	3			平均三天发文一次算 0 分
	邦派粉丝增加人数	2			10 位粉丝为一个单位计算，满分 2 分
销售指标（权重占比 30%	月销售目标达标率	20			特殊大促销活动另定目标，本考核只考核常规指标
	新增访问数	5			比上月日均增加访客 50 人为 1 分，满分 5 分（大活动除外）
	未付款跟进达成数	5			两单为 1 分，满分为 5 分
遵守制度（加分项）	全月无迟到、早退	5			
	全月无事假	5			
	主动加班	5			主动加班 3 个小时以上，一次 1 分，满分 5 分

续表

类　目	项　　目	分值	自评分	考核分	说　　明
	工作完美率	5			工作无拖延项目，今日事今日毕
	总分	120 分			
本月被考核人总结				考核人评语：	
考核说明	月考核与工资的 40%挂钩，计算方式：月薪资=基本工资 60%＋（40%×考核分数） 例：如考核分数为 80 分，月工资 2500：月薪资=1500＋（1000×80%）＋月抽成＋公司福利				

第四节　商品管理体系的规划与建立

电子商务面对的是不同于传统环境中的消费者，因此也就需要有不同的商品策略。电子商务的产品定位、价格规划、品质要求、设计风格最终决定了传统企业电子商务的发展方向和地位。所以商品管理的首要任务就是重视目标消费者的精准定位，目标消费者定位决定产品价格的高低，也决定了对所需商品的品质要求。

“商品管理”简单地说，就是在设定的时间里以设定的价格向目标顾客提供商品，满足消费者的需求，完成企业利润目标。“商品管理”是一个完整的管理系统，是策略，并不是一个管理工具，更不是一个 ERP 软件。

专业的商品管理体系组织结构如图 3-17 所示。

商品管理的主要工作内容分为：市场信息收集、整理、分析，商品的定位，结构、组合的管理，商品的计划，供应链管理，渠道数据的采集管理，价格的管理，利润的控制等，是企业的核心管理体系。具有利润管理的核心功能，是通过对商品的进销存的全过程管理，及时了解销售、库存、资金的周转率等综合情况，为企业科学地制订下一个营销战略作为参考依据。

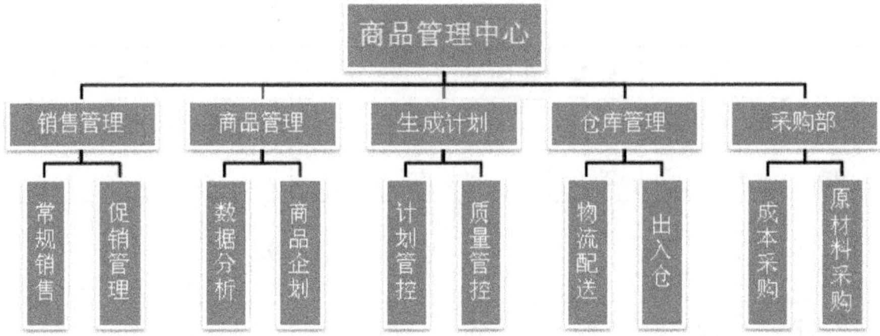

图 3-17 商品管理体系组织结构

电子商务商品管理的核心在于商品流通全过程的管理，提供商品在电子商务过程中的角色定位（常规销售产品、主利润产品、冲量产品、引流产品）与产品属性特点及有效卖点。在商品管理的过程中，每一环节对应的信息都不一样，每个岗位关注的重点也就不一样。

电子商务中商品的管理全过程如图 3-18 所示。

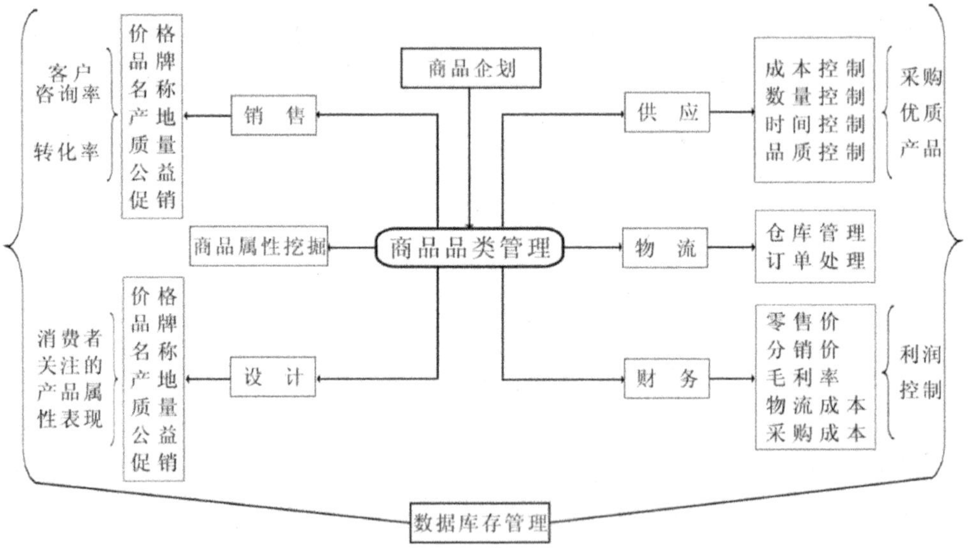

图 3-18 商品管理全过程

从图 3-18 中可以总结出商品全过程管理过程中的重点及其作用。

1. 供应链管理：根据营销目标分解生产计划，选择优秀的供应商，选择高品质的商品（销量大、毛利高、吸引人、价值高）满足市场需求。

2. 产品上架设计：调查研究消费者关注商品的哪些属性，客户关注的属性优先在网页上展示，并提炼宝贝描述，突出产品价值和卖点。

3. 运营推广及客服：熟知产品结构，熟知产品的价值和卖点，根据产品结构比例和产品价值挖掘，做到精准营销，提升营销推广的效果。客服要熟知哪些产品是活动产品，哪些产品是常规性产品，那些产品是形象产品。熟知产品详细信息，熟知产品的卖点和价值所在，能够快速回答客户的问题，提供优秀良好的服务，才能提高咨询转化率，树立公司良好形象。

4. 物流管理：确保仓库财产安全，准确掌握库存信息以及产品库位，提升仓库散单配货、发货的速度和效率。

5. 财务人员：能够清楚地知道产品销售价、分销价、成本价，快速地算出公司的应收应付账款，给公司提供优化产品线的财务报告决策依据。

电子商务中的商品管理很重要的一个指标就是对电子商务的商品规划，常分为产品规划和销售规划两个方面，产品规划主要是规划电子商务活动中的利润控制，销售规划主要是控制产品在销售过程中量的增减。

电子商务中的商品规划分为以下几类：

- 超低价产品，主要是用来吸引流量，存货量与库存量并不大，这一类别的货品经常是零利润甚至有的还会是负利润。
- 促销产品，主要用于增加店铺销售量，这类货品的库存量是最大的，单品利润并不高，通常毛利大约在 15～25%左右，但因为量大所以总体的销售额就高，利润也就高。

- 正常销售产品，主要丰富产品线，这类产品的库存量对商品管理的要求很高，也是所有产品规划中最需要销售数据支持的品类，合理下单才不会让这类产品最后沦为促销产品。
- 品牌形象产品，主要是为了提升品牌力而规划的，这类产品的库存量非常小，属于小批量生产的高端产品，利润率非常高，通常是正常销售款利润的三到五倍。

图 3-19 所示为产品规划与利润控制的关系。

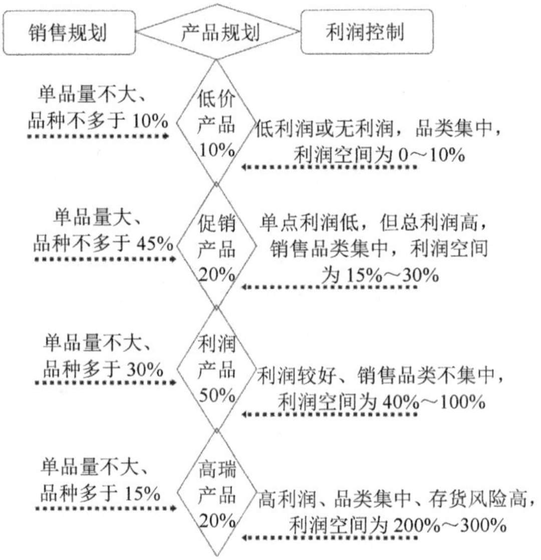

图 3-19　产品规划与利润控制的关系

注：图中左列中的数值指商品的规划比例，中间列中的数值指产品价格策略比例，右列中的数值为不同商品层次的利润空间。

商品管理的另一个重要指标就是资金的周转率，因此电子商务的商品管理应该注意 6 个分析指标。

1. 分析哪个商品品类、种类的关注度较高；哪个商品品类、种类关注较低或无人关注；提前预测畅销与滞销产品，提前做促销准备。

2. 从流量来源分析自身品牌的关注度，选择适合的产品进行导流。

3. 分析点击量和点击百分比，注意商品的关注程度。

4. 分析下单量和点击百分比：通过该商品链接带来的直接下单数。

5. 分析转化量和点击百分比：通过该商品链接成功交易的直接有效订单转换率。

6. 分析客单价及相关产品购买数，研究通过该商品购买所产生的订单客单价及关联购买数。

电子商务的商品管理中对商品属性挖掘的意义重大，直接支持着视觉展示与销售服务。商品属性规划如图 3-20 所示。

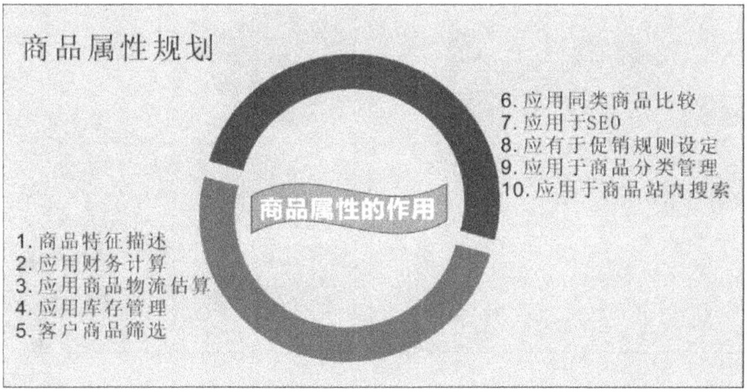

图 3-20　商品属性规划

产品视觉展示的必要元素有如下几点。

1. 卖点图（突出单品的卖点，吸引消费者眼球）。

2. 产品详情+尺寸表（比如编号、产地、颜色、面料、重量、洗涤方式建议）。

3. 模特图（至少一张正面、一张反面、一张侧面，展示不同角度穿着后的效果）。

4. 平铺图（把衣服的颜色种类展示出来，编辑文案引导买家产生联想，不同的颜色代表什么性格或者展示什么风格）。

5. 场景图（模特在不同的场合，引起视觉的美感）。

6. 产品细节图（帽子或者袖子、拉链、吊牌位置、纽扣）。

7. 购物需知（邮费、发货、退换货、衣服洗涤保养、售后问题等）。

一个优秀的产品在属性展示中需要的元素，如图 3-21 所示。

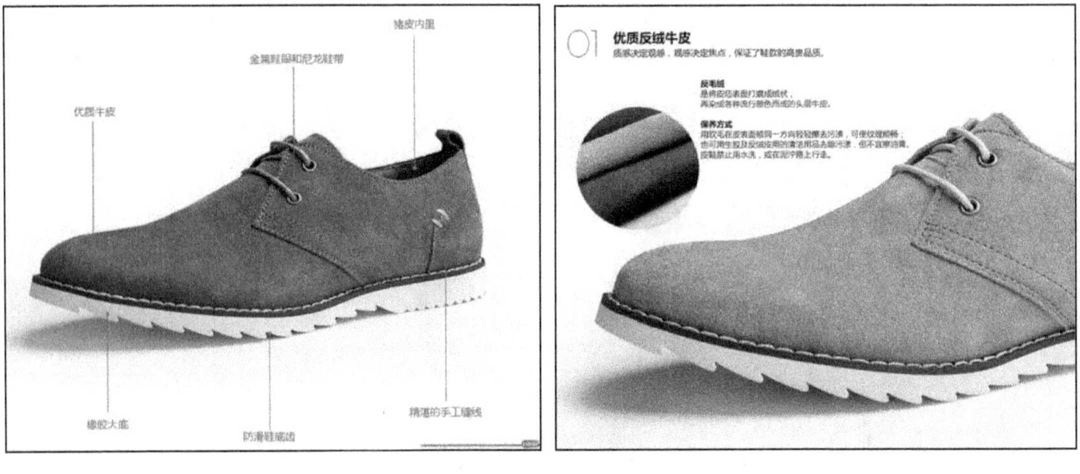

图 3-21　产品属性展示

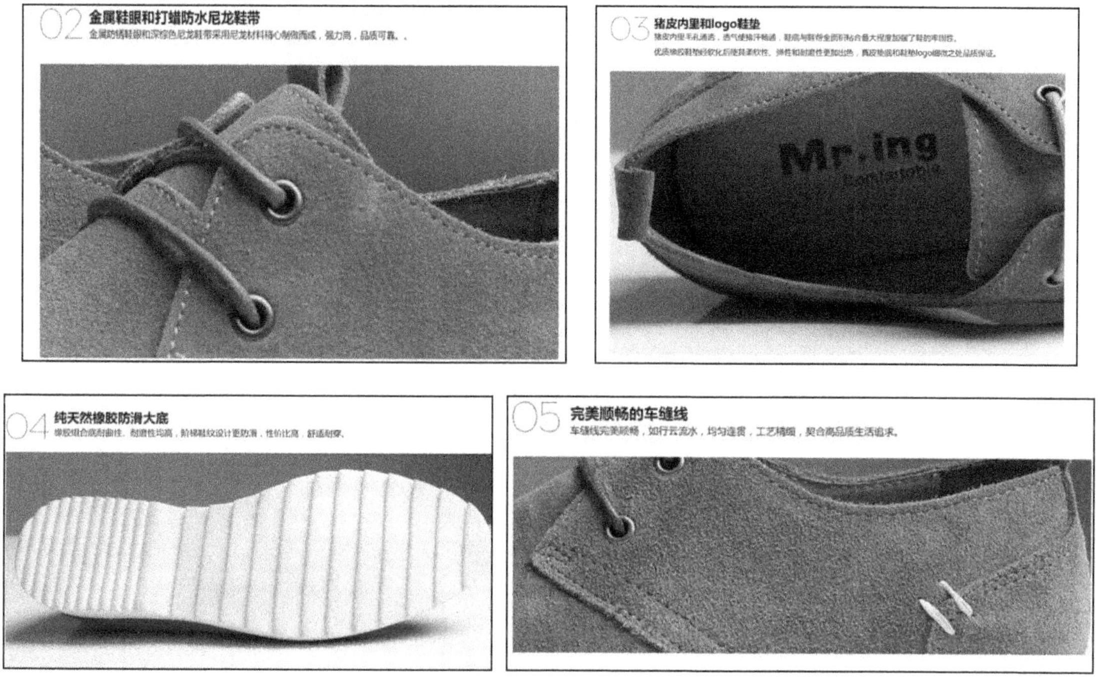

图 3-21　产品属性展示（续）

案例　报喜鸟 B2C，遭遇实业“羁绊”

2007 年前后，PPG 如一阵旋风席卷服装业，整个行业都受到了电子商务所带来的震撼。

此时，从属于报喜鸟集团的上海宝鸟服饰也蠢蠢欲动。当年 8 月 16 日，报喜鸟在深交所中小企业板成功挂牌上市，募集资金 3.024 亿元人民币，成为温州鞋服行业第一家上市公司。一周之后，宝鸟服饰正式对外发布 BONO 品牌，开始了网上 B2C 之路。

消息一传出，坊间议论不一

支持者认为，BONO 将会成为网络销售的“颠覆者”，因为相对其他做服装直销的“轻公司”，他有三个核心能力：一是自主产品设计与开发能力，其自主拥有一支服装设计团队；二是产业资源的掌控能力，背靠报喜鸟集团，能与一流面料供应商紧密合作；三是后台生产能力，宝鸟在上海松江和浙江温州有两大现代化生产基地和 10 条世界一流的生产流水线。这三点能保证 BONO 在产品质量上优于 PPG 和凡客等网络直销品牌。

从 2000 年开始，宝鸟重点开展的一直是定制业务，主要为银行、汽车、学校、机关单位等定制职业装，并没有传统卖场与专卖店之类的渠道，不存在网络渠道与传统渠道的冲突，进入电子商务领域可谓一身轻松。

反对者的理由也很充分，因为传统企业没有做电子商务的“基因”，传统企业转型电子商务从理论上看很美，而实际上完全不可行的例子太多了。

比如，BONO 所谓的三个核心能力在电子商务面前并不值得炫耀，一流的设计团队与一流的面料提供商并不意味着成本就低。而当产品价格过高时，在网络销售中，就没有了价格竞争力。再加上以前宝鸟是做 B2B 业务的，在 B2C 领域里，不一定就如鱼得水。

当年凡客的 CEO 陈年表示，“从理论上讲，报喜鸟是最容易取得在线销售成功的；但是从实践上讲，报喜鸟又是最容易失败的。因为像报喜鸟这样的老牌传统服装企业不可能像 PPG、凡客一样对网络营销全力以赴，因此也造成了对其网络销售平台的制约。”

出师不利：从“单一”到“全线”

不管外界如何争论，BONO 还是义无反顾地投身于电子商务的洪流中，开始了第一阶段的高调布局。

2007 年 7 月，由报喜鸟集团和上海宝鸟服饰公司共同投资的上海宝鸟纺织科技有限公司成立，宝鸟科技统一了传统渠道和网络直销品牌，全采用英文 BONO。8 月 25 日，报喜鸟的职业装品牌名字也由宝鸟 BAONIAO 变身 BONO。10 月前后，BONO 管理团队的相关人员先后入职。当时宝鸟挖来了前雅虎中国执行总经理田健，担任 BONO 网络直销品牌的总经理。同年底，报喜鸟宣布向 BONO 投入 8000 万元。一切都预示着，报喜鸟希望 BONO

在电子直销领域与 PPG 正面交火，大干一场。

但是，半年后，局面来了个大逆转。

首先是总经理田健离职，在外界猜测是否是报喜鸟试水电子商务失足时，浙江报喜鸟服饰股份有限公司董事长周信忠给出的解释是，“当时聘请田健时，双方都认同一点，那就是帮助我们把直销的架构理顺，然后由 BONO 原管理团队接手。他开始的时候就是以顾问的名义出现在公司的。”田健之所以出任 BONO 总经理职务，是出于管理方便考虑。

不论其内部操作如何，但 BONO 在网络直销方面走得很艰难，开始转入第二阶段的新尝试已经显露无遗。2008 年 3 月 12 日，在 BONO 的新闻发布会上，BONO 正式宣布开始从单一的网上衬衫直销，转为做全线男装，以时尚设计代替单一标准化产品。

时任 BONO 副总经理的高峰公开表示：“目前我们的商务、时尚和休闲装的比例为 3 : 5 : 2，将来我们希望能达到 2 : 5 : 3 的样子。”这相当于对 BONO 此前的定位完全推倒，在 BONO 开展电子商务之初，商务男装占产品的主导地位，而将来这个比例将不超过二成。

据说在此 5 个月之前，BONO 高层就曾召开过被内部人士戏称为“遵义会议”的会议。在这次会议上，BONO 管理层就打算以“时尚设计”代替单一的商务男装。但问题是，BONO 在此前已花费数百万元，投放了以“商务男装”品牌为主的广告。这一换，之前投入的数百万就相当于打了水漂。

这期间，还有一条新闻震动业界

2008 年 3 月 19 日，报喜鸟发出关于变更资金用途的公告，宣布将原计划用于投资西服项目和衬衫项目的 9604 万元，改为用于收购上海宝鸟服饰有限公司 80%的股权。分析人士纷纷发表言论，此番收购是报喜鸟集团希望拓展网络渠道，增加包括电子商务等新的收入来源。

对于此番评论，报喜鸟董事会秘书方小波则表示，报喜鸟认为电子商务是行业发展的一个趋势，但公司对该业务采取稳步推进的策略。并称该业务并不是公司未来业务发展的核心，采取的策略也是“边投入、边产出、边赢利”。

由于出身不同，在营销推广上，BONO 的电子商务不具备与凡客竞争的优势。凡客是风险投资催生的产物，一年内三次融资数千万美元，广告铺天盖地，短期内 BONO 无法企及。虽然报喜鸟也曾经宣布投入 8000 万元开展电子商务，但是从期间的各种投入来看，或许该打个问号。毕竟用风投的钱与实业家用自己的钱，心态是不一样的。虽然凡客大手笔营销投入，但其产品价格却非常低廉，如低至 68 元一件的衬衫；而 BONO 的价格是在 300 元左右。

所以，BONO“边投入、边产出、边盈利”的策略与中高价位的产品价格，注定了曾经高调出征的 BONO 不仅没有赶上 PPG，连后来者凡客也将其远远超过。

侧身换马：“线上”走向“线下”

2008 年下半年，“带头大哥”PPG 一度负面新闻缠身，发展进入缓慢期。同期，BONO 第二阶段尝试陷入困境，没有达到当初在线上“以强大的后台与高品质产品”向竞争对手拉高门槛的预想，被迫转身，从线上走向了线下，开始了第三阶段的探索。

BONO 的线下门店分为两个品牌，Carl Bono 及 Bono Tailor。前者为高级定制，主打金领市场，而 Bono Tailor 社区定制店除了开展价格相对偏低的时尚定制外，则“兼具 EBONO 网络直销体验中心功能”，线上销售的成衣在这里进行展示和销售，消费者可以直观地感受服装的面料、做工和试穿效果，既可以直接购买，也可以通过网络下订单。

在接受媒体采访时，高峰多次谈到，采用电子商务加社区定制店相结合的模式，是为了降低成本，尽量避开财务风险，所以没有对 EBONO 电子商务平台投入大量的广告，而是把一部分资源投入到社区定制店建设上，在租金相对便宜的商务楼宇里开设社区定制店。

其战略不难看出，BONO 是想以 Bono Tailor 社区定制店为载体进一步扩充直销产品线和服务内容，同时与网络直销品牌 EBONO 形成联动，实现“以社区为单位的、统一的定制中心、体验中心和服务中心”。

在这里，就得对“电子商务”重新定义了。

如果说电子商务是借助网络平台在网上销售，那么 BONO 显然是偏离了电子商务的轨迹；而如果说电子商务的未来是走“网络+实体”，那么 BONO 似乎又被逼走了一条正确的道路。

但问题是，如果客户的消息来源与销售活动均是在 Bono Tailor 门店里完成，那么这还算是电子商务吗?

这就让人不免想起，高峰在入职时与报喜鸟集团董事长吴志泽的交流。“BONO 并不打算仅仅是通过网络订购下单，而是塑造品牌。几年之后，男装通过网络售卖已经没有太多价格优势时，BONO 的后台会逐渐突出优势，那时，无论是传统渠道还是电子商务模式，男装最终的市场竞争仍体现于品牌。”

回到起点

于是，所有的焦点都从报喜鸟如何做电子商务，转移到报喜鸟如何利用电子商务的热潮塑造品牌的命题上来。

在这个命题上，报喜鸟没有成功做好电子商务，倒是很好地打了个广告。

首先，2007 年前后，电子商务就像“大跃进”期间的“亩产一万斤”一样。报喜鸟打广告的策略是这样的，2007 年 8 月 16 日报喜鸟集团在深交所中小板上市，8 月 25 日，旗下宝鸟服饰正式对外发布 BONO 品牌，10 月 8 日正式推出 BONO 电子商务网站，2008 年 3 月再买下宝鸟另外 80%的股权，宝鸟再次回归报喜鸟集团。于是，报喜鸟 2008 年的年度业绩表中显示，2008 年报喜鸟实现营业收入 9.6 亿元，较 2007 年度增长了 105.55%。主要原因是上海宝鸟服饰有限公司纳入合并范围；持续的品牌建设扩大了品牌知名度和美誉度，销售网络稳健扩张，扩大了销售规模；由于品牌附加值的提高带来的产品提价，提高了毛利率等。

在渠道业务方面，宝鸟本身以前是开展定制业务的。结合 BONO 业务的拓展，有了前期一系列进军电子商务的曝光，这个更名后的新品牌知名度骤然大增。同时结合楼宇经济的热潮，开展线下店，进行实质上的业务拓展。

从现在来看，报喜鸟启用 BONO 进军新渠道，BONO 最终走“线上+实体”的路线，其实就是传统服装企业试水电子商务曲折探索的缩影。

第 4 章

传统企业电子商务营销策略

轰轰烈烈的电子商务大潮带给中小企业的感受是迎面而来的冲击——触电是找死，不触电是等死，众多中小企业在电子商务的道路上走得小心翼翼。对于想要借助电子商务东风来转型升级谋求发展的中小企业而言，营销策略尤为重要，关系到企业电子商务的成功与否。

第一节　制订科学的电子商务营销策略

传统企业不能只从电子商务及互联网角度来规划电子商务，而是要站在整个企业发展战略的角度来规划自己的电子商务发展策略。与传统营销环境不同，传统企业进入互联网的角色将随着网络营销方式的变化而改变，从而直接影响着品牌的营销策略和赢利模式。明确品牌进入互联网的角色定位，制订科学合理的营销管理策略，才能有效利用不同的网络平台和渠道，来实现电子商务的营销效果最大化。电子商务不仅是将企业及产品的信息简单地搬到网络上，而是要通过网络实现企业市场的拓展、做成实实在在的生意。

许多传统企业习惯了大手笔的广告投入，比如说在央视、湖南卫视，晋江品牌包场。但是电子商务的营销推广对于传统企业来说是一个全新的课题。截至 2011 年 6 月 30 日，我国互联网用户已达 4.85 亿，互联网普及率高达 36.2%。互联网的高效率和广泛延伸性让企业的营销触角伸向了全球任何只要有网络的地方，并且展开全天候、全方位的攻势，对企业营销产生了巨大的影响力。目前，中国传统企业还处于电子商务的初级阶段，网络营销还有很大的发展空间。

在现阶段的营销环境中，营销的形式分为两种，一种是传统环境中的营销，也就是我们通常说的线下营销，另一种是正在蓬勃发展的互联网营销，也就是线上营销。

传统营销内容主要是以集中式传播为主，如广播、电视广告、平面媒体广告、户外广告、公关活动、事件行销、DM 入户等。传统营销通常都是大投入，像 CCTV-5 就成就了不少传统鞋服企业。

互联网营销很难验证哪一种营销方式最直接，但最大的特点是低投入大回报。形式非常丰富，如搜索引擎、关键字、网络新闻、友情链接、论坛、电子杂志、微博等，由于网络在人们生活中占据了越来越重要的地位，许多人都是从互联网上获得更多的信息，因此，对于传统企业而言，制订一个安全的互联网营销策略极为重要。但是互联网营销是新兴模式，形式非常多，对传统企业来说其实是一个很大的挑战。

传统营销形式与互联网营销形式的比较如图 4-1 所示。

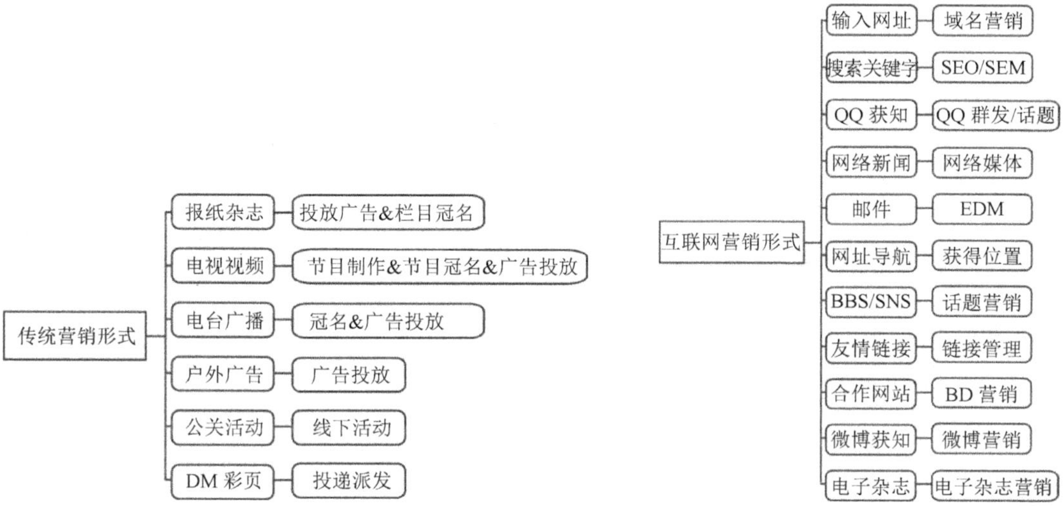

图 4-1　传统营销形式与互联网营销形式的比较

互联网营销是电子商务营销推广的重点，主要有以下一些方法。

一、搜索引擎是电子商务营销的重要手段之一

当我们需要上网找一些资料时，第一个想到的就是百度或谷歌。网民越来越依赖于通过搜索引擎查询各类信息，搜索引擎已成为网民上网活动中非常重要的组成部分，而搜索引擎营销也成为互联网经济必不可少的支柱力量。通过搜索引擎让目标消费者找到自己，是一种事半功倍、非常有效的营销方式。如果想通过搜索引擎真正达到营销目的，关键词设定很重要。对于关键词的设定要考虑以下几方面。

1．热点词汇。

2．搜索客户的趋向是找产品还是找解决问题方案或文献资料。

3．搜索客户习惯用品牌名还是通用名。

4．同样的产品是否有多个叫法或别名。

5．对核心关键字的扩展，如地名、品牌名、规格型号等修饰词的扩展。

6．零星分散的搜索词积少成多，经常成为来自搜索引擎流量的主导。

比如，我们在搜索引擎框里输入“猛狼休闲裤”，就能跳出一串相关信息，如图 4-2 所示。

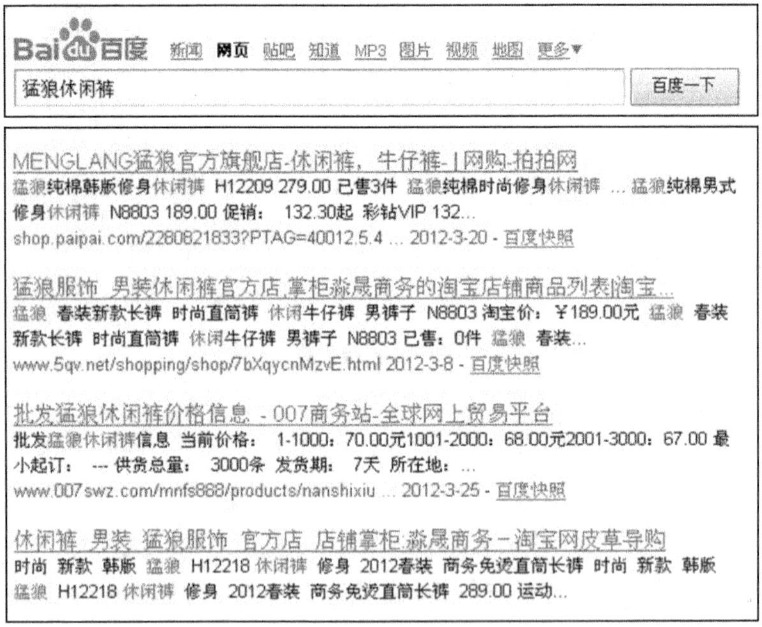

图 4-2 搜索信息

二、品牌+促销的方法

对于传统企业而言，促销的主要功能在于快速提高销售，消化库存，加快现金周转；而对于电商企业而言，除了实现上述目标，其诉求应该更高。电商企业竞争激烈，企业之间差异化不足，品牌区隔不明显，电商获取流量和客户转化的成本越来越高，所以对于电商企业，通过促销吸引并留住客户，培养客户的忠诚度并强化服务和品牌应是电商促销的核心诉求。图 4-3 所示为某服饰促销图。

图 4-3　某服饰促销图

2011 年淘宝“双十一”大促销，不少电商战绩辉煌，喝彩不断，但是在电子商务业界，诸如“双十一活动是痛苦的，光棍节的天猫成了品牌的伤城”这样的论调也不绝于耳。很多电子商务企业都是在赔本赚吆喝。过分依赖价格战来作为发展用户的杀手锏，换取表面的繁荣，实则透支电子商务企业长远发展的未来，疯狂促销会加剧企业电子商务的运营压力。当然，在低价的同时，也有一些优秀的电商开始增加感情营销和创意设计，注重强化用户的消费体验，以此作为出路。

作为中国最大的网络零售商，京东商城在遭遇天猫、当当网等同行业者“围攻”之后，其终于扔下“重磅炸弹”。京东商城素以“价格屠夫”著称，2012 年 6 月 1 日至 7 月 1 日，长达 30 天的“诺曼底大惠战”，京东商城希望通过“诺曼底大惠战”扭转战局成为电商“混战”的最后赢家。“诺曼底大惠战”堪称史上最强回馈促销活动，开展史上最全品类、最大力度、最长时间的全网促销，旨在为广大消费者打造一场全民网购的饕餮盛宴，促销广告如图 4-4 所示。

图 4-4　京东商城促销月广告图

三、在 SNS 软文推广法

选择合适的软文并合理地附带上网店链接，发表到各大论坛或自己的日志里，再让自己的一些好友分享，这样就能让很多人关注到你的文章，关注到你的网店。下面有一篇非常好的软文：

穿越世纪，百年不弃

有一种思念叫青春，

有一份记忆属于 CONVERSE。

还记那双经典的“开口笑”吗？老婆

也是深秋的傍晚陪着我们走过校园的每一个角落。

还记得你球场边嘶声的呐喊吗？

我曾穿着你送的 all star 屡建奇功。

如今长大的我们早已不为一双情侣款而省下一个月的早餐，

但我愿如爱护第一双 CONVERSE 那样珍惜我们的爱情。

也许有一天我们也会老去，

但 CONVERSE 会见证我们彼此执著的感情。

（仅以这段短文向淘宝 CONVERSE 店致以敬意，让我有机会回顾那段美好的时光。

68 元，让你尽享 CONVERSE 的百年经典。）

四、微博营销

微博是一个可供网友们自由选择和交流的信息平台，2010 年年底，中国互联网微博累计活跃注册账户数突破 6500 万个，2011 年年中将突破 1 亿个，2013 年国内微博市场将进入成熟期。无疑，微博会成为未来营销的又一重要战场。但如果广告主们试图通过单一地发布品牌硬性广告进行微博营销，不仅对于品牌内涵的深化和宣传毫无作用，还会妨碍到用户的浏览体验，进而伤害消费者对品牌的好感，显然，这背离微博营销的最终目标——聚拢大量忠实的品牌消费者。

如何创新地发布产品、品牌信息？凡客诚（VANCL）品的微博营销经验也许可以作为案例供大家借鉴。作为最早“安家”新浪微博的广告主之一，VANCL 多年来培育出来的成熟的电子商务实战技巧成就了其作为广告主“围脖”明星的天然优势。在 VANCL 的微博页面上，你可以清晰看到这家迅速崛起的企业在互联网上营销的老练；联合新浪相关用户赠送 VANCL 牌围脖、推出 1 元秒杀原价 888 元衣服的抢购活动来刺激粉丝脆弱的神经或者通过赠送礼品的方式，拉来姚晨和徐静蕾等名人为 VANCL 的产品进行互动，方式层出不穷。除此以外，你还能看到 VANCL 畅销服装设计师讲述产品设计的背后故事，看到入职三月的小员工抒发的感性情怀，对于关注话题中检索到的网民对于凡客的疑问，VANCL 幕后团队也会在第一时间予以解答。

图 4-5 为凡客诚品在微博上的营销画面。

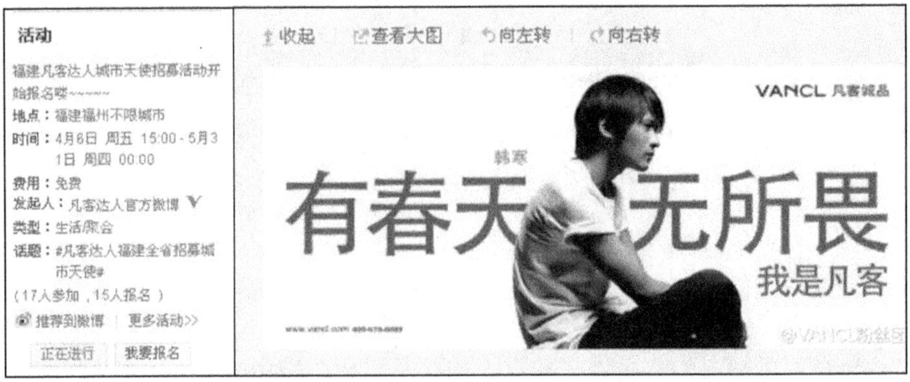

图 4-5　凡客诚品在微博上的营销画面

五、QQ 群推广法

可以建群，加入群，定期给每个群里发相关信息。如果 QQ 号多，加入的群更多，如果加入的是大群，每个群中的人数更多，则宣传效果更好。即使排除不在线的 QQ 用户，效果也不容低估。

图 4-6 所示为使用 QQ 群进行商品推广。

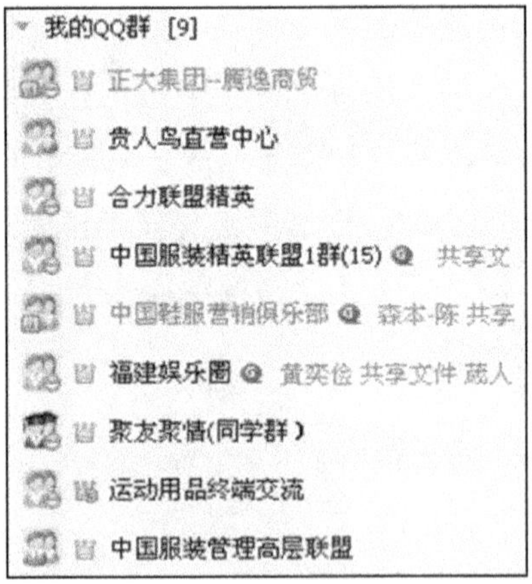

图 4-6　使用 QQ 群进行商品推广

六、手机短信推广法

群发短信、彩铃提示等。手机的功能越来越强，小巧且容易携带。大部分适龄人群都会配备手机。手机信息是最容易被接受阅读的信息，我经常收到一些网店产品介绍、店铺的促销活动的信息，特别是换季和节假日期间。

七、论坛推广法

在各大热门论坛注册账号，在每个论坛注册一些账号，把签名设为自己的网店。发表热门内容，自己顶自己帖子。注意换马甲，发布有争议性的标题内容。好的标题是论坛推广成败的关键。这里说的论坛泛指论坛，包含留言本、论坛、贴吧等一切网民可能聚集的地方。

八、电子邮件自动回复推广法

就是在邮箱中设置自动回复，把网店地址和网店介绍设置为自动回复内容。当你接收到任何一封邮件的时候，邮箱就会自动回复过去。

九、网店联盟推广法

单打独斗出不了英雄好汉，一个人的精力、时间和聪明才智终究有限，因此，要懂得借用外力。几个站长联合在一起，达成宣传共识。在宣传自己网店的时候，顺便也捎带上别的网店。用同样的劳动，得到更多的收获。

十、创造新概念推广法

让新概念成为网店的代名词。当人们使用这个概念的时候，自然就宣传了你的网店。

给人们先入为主的信息，融入人们的生活之中，这样的宣传效果，具有不可动摇的地位。概念的名称可以固定，内容可以常变常新，满足人们持久而不断变化的需要。

十一、故事推广法

人是感性的动物。人们不喜欢理性的说教，但是这不代表人们不喜欢经过故事包装或伪装的说教。尽管明眼人一看就知道怎么回事，但这毕竟是少数，况且“买椟还珠”的故事在人们的消费行为中时时刻刻上演，所以，不要忽视包装的效果。如果有可能，就把你的推广行为用故事润色一下，给一个足够分量的理由为你免费宣传。比如，让网店的名称，成为整个故事的线索，成为故事走向完美结局的核心要素，成为不可磨灭的一部分。这样，人们在沉迷于故事情节的同时也会折服于创作者独特的创意，从而记住你的产品、你的品牌。

中国电子商务已经进入资金时代，不少传统企业已挟巨资进入互联网的电子商务领域，打造能够满足消费者需求的核心价值。用在传统营销环境里受益的方式持续与消费者交流，希望能够促进消费者理解、认可、信任和体验并产生持续购买。如柒牌男装与网易对接，共同打造“我们这一代”平台，站在国内婚庆服装营销的最前沿。其实，早在 4 年前，安踏就与搜狐联手成功地启动“安踏百人雅典助威团”，在网络营销上首开先河。此后，特步与“龙与地下城 Online”网络游戏等结盟，共同推广市场，随后，七匹狼等品牌则通过官方博客进行网络隐性营销，唐狮服饰也开始赞助腾讯娱乐频道。

品牌与互联网的合作似乎呈现出了风起云涌之势，我们相信会有更多的这样的网络营销案例不断涌现。

第二节 优质的网络分销与渠道建设策略

90%以上的传统企业进驻电子商务都未开始建立线上渠道，其实电子商务营销与传统营销并无本质区别。不重视线上渠道、分销体系建立，电子商务经营效果会大打折扣。我们线下做销售，知道要做渠道，进入沃尔玛、家乐福，找地区经销商，而到了线上，只知道在淘宝网上开设一个旗舰店，不知道要做网络分销渠道，不懂得结合渠道来销售商品，扩大市场占有率。随着时间的推移，电子商务日趋成熟，电子商务上的分工也会越来越明确，我们完全可以预见会有越来越多的电子商务渠道衍生出来。

图 4-7 所示为已有的互联网电子商务渠道结构。

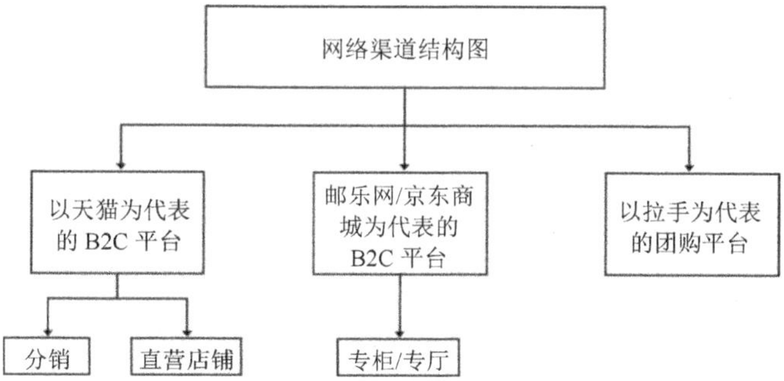

图 4-7 电子商务渠道结构

推荐一个较为成熟的电子商务渠道策略，一个互联网上开始流行的电子商务标准化配置：淘宝平台+其他平台+分销+独立 B2C，用一个名词来总结就是“全网营销”。

做全网营销，商家可以建立起“快速、低成本”销售商品的网络渠道，快速扩大商品销售量、提高商品周转率、降低商品单位销售成本。

全网营销分为两种策略，分销为首的全网营销和直销为首的全网营销。

一、分销为首的全网营销

企业从战略层面上定位电子商务为投资布局，将网上零售市场视为新兴的潜力市场，大范围招收一些运营能力较强的卖家加盟在互联网上进行经营活动。这种营销手段本质就是传统经营理论里的特许加盟，即特许经营授权商将其成功的品牌、产品和运作模式传授给特许经营体系中的受许者使用，受许者获权经营其产品或服务。特许经营作为一种新的商业运营组织方式，已被公认为有效的经营模式。

全网营销要求企业资金雄厚，人才储备能力强，管理机制健全，这样企业才能够利用自身资本、品牌、采购渠道等优势资源成功介入电子商务。这种模式的代表企业有特步、博洋家纺等，图 4-8 所示为特步在淘宝网渠道中的店铺。

图 4-8　特步在淘宝网渠道中的店铺

这种“全网营销”的模式在互联网世界大行其道。目前进入网上零售领域较为成功的传统企业，一般线上分销渠道的销售额会占整个网上销售额非常大的比例。如罗莱家纺网络专销品牌 LOVO，目前每月销售额大约 500 万元，其中：

外部线上渠道中，B2C 渠道：当当、卓越的平台代销，每月 50 万元左右。

CPS（付费联盟）渠道包括第三方及自营 CPS 联盟，每月 50 万元（注，电商中的 CPS，指的是商家联盟）。

C2C 联盟渠道：淘宝网店联盟贡献约 10 万元，再加上天猫的销售，网络分销贡献了不少于 50%的比例。

如百丽的电子商务，从销售结果来看，网络分销的销售额超过了自己官网直销的销量，加盟渠道、CPS 及 SEM 渠道、淘宝渠道、B2C 分销渠道的销售额均超过了其官网的直销渠道。

如徐静蕾的 KAiLA 饰品销售额全部来源于网络分销渠道，他们只做线上渠道，自己不做销售，淘宝旗舰店只是服务分销卖家。

KAiLA 在 2009 年 11 月正式上线凡客销售，成为凡客诚品配饰领域的合作品牌；接着 KAiLA 入驻卓越网，并成功获得卓越网免费首页及频道内推广资源；KAiLA 入驻当当网，并获得当当网大力推广，成为手表饰品频道的重要品牌商。再接着进入了时尚类的垂直 B2C 走秀网、逛街网、时尚起义、麦网，并进入 3C 网站京东商城、新蛋网渠道销售等。KAiLA 凭借徐静蕾的人脉与影响力，半年之内几乎进入中国绝大多数排名靠前的 B2C 网站渠道销售，是线上分销的成功案例之一。图 4-9 所示为 KAiLA 天猫店铺的首页。

电子商务的核心是商品，所以全网分销要求商品同线下实体店一样，SKU 要宽同时还要有深度（SKU 宽度，是指商品的数量，深度是指某一款、色、码的件数）。如果 SKU 宽度不够，那对网店运营能力的要求就相当高，或者说对店铺设计师水平的要求相当高。如果库存厚度不够深，那么当出现爆款的时候，你损失的潜在收入就非常大了。当然商品的宽度和深度要视品牌商的实力和规模。

图 4-9 KAiLA 天猫店铺的首页

全网分销并不神秘，它的基本原理与线下分销是相同的，说到底就是为渠道客户提供服务，提供优质的服务内容。

1．专业的网络分销管理系统

经常和企业的电子商务负责人聊起网络分销，他们一致认为如果没有专业的 ERP 管理系统，分销工作就很难开展。这里需要强调的是“专业的”系统，不是什么订单管理软件或免费的开源软件都可以作为分销管理系统。一套专业的网络分销管理系统是做网络分销的第一步，也是进入这个行业的一个门槛。

2．专业的网络分销运营团队

中国的电子商务起步较晚，电子商务的专业人才是稀缺资源，而传统企业的网络分销才刚刚起步，从事网络分销的人才更是少之又少。不是说某人淘宝 B 店或者 C 店做得好，他分销就能做得好，因为对运营上的要求有很大的区别。分销运营团队需要非常了解分销客户的需求，想他们所想，急他们所急，寓管理于服务中。

分销运营团队的主要工作包括以下几项。

1．产品知识支持

A．提供的商品资料越详细越好，最好是连同生产工艺单都要培训给客服，如图 4-10 所示。

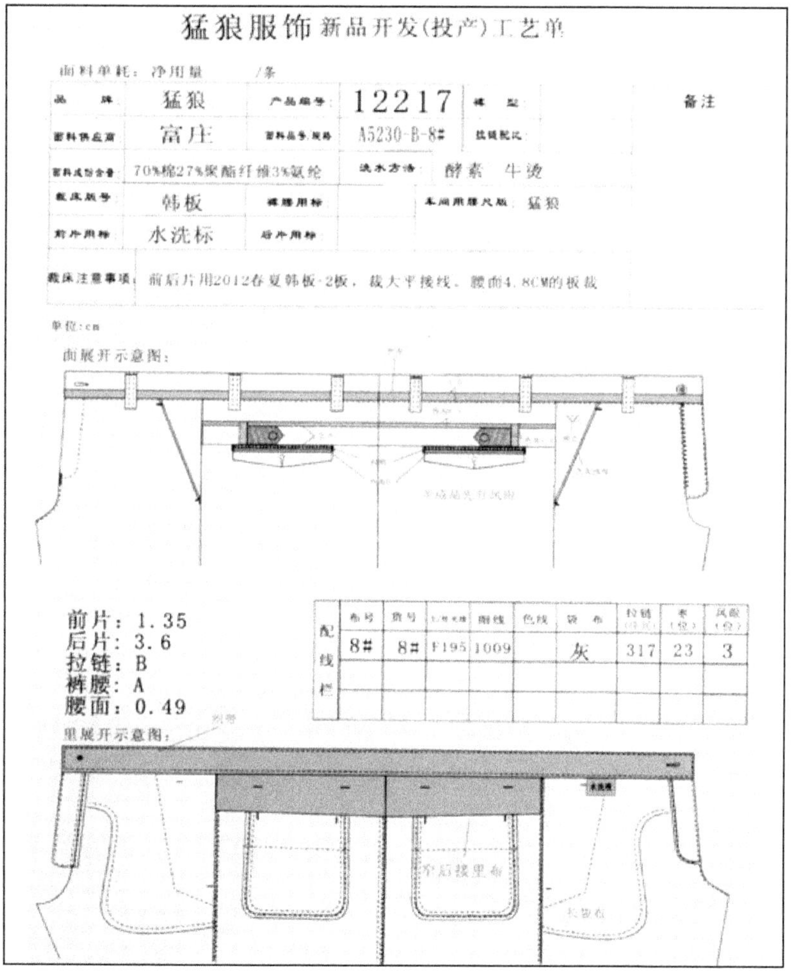

图 4-10　生产工艺单

B．提供产品的 FAB[①]手册。

C．提供网店装修模板或者广告形象图片物料，如图 4-11 和图 4-12 所示。

图 4-11　海泰客官方旗舰店页面

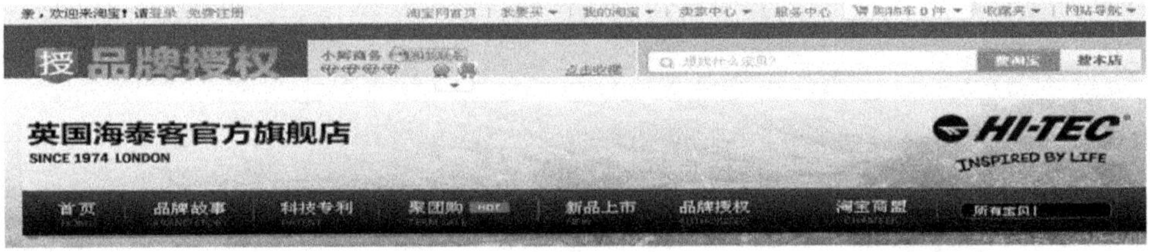

图 4-12　海泰客授权专营店页面

2．营销支持

A．提供销售数据上的支持，计划性更替主推产品和促销产品给分销商，提升销量。

B．要定期或不定期计划性地给分销商提供促销方案，也要善于利用集体的智慧，鼓励渠道客户自拟促销方案。

C．商品库存的准确率要高，否则缺货率会居高不下，最理想的是提供每次库存变化的明细，这就需要分销管理系统来实现了。

网络分销的开发类似于线下传统业务的招商加盟。客户的管理前提是制订分销规范标准，也就是扶持政策。比如：销售额返点的支持。

---

① 指 FAB 法则，即产品的属性、作用、益处法则。

开发客户要根据品牌的定位去制订招商政策，不同的品牌目标客户不一样，不是什么客户都适合的。如果是男装你去开发卖女装或卖建材的卖家，结果可想而知。

目前网络分销的客户主要分布在淘宝和拍拍，天猫专营店、QQ 商城专营店客户、淘宝 C 店卖家、拍拍卖家。

传统企业要真正把电子商务提高到战略发展的高度，要建立适合电子商务特性的运营管理体系与商品供应体系，全方位地开发线上渠道。无论是分销为首的全网营销还是以直销为首的全网营销，传统企业倚重先天的品牌影响力优势和快速的供应链管理，以及线下丰富的特许加盟经验可以很快把自己的影响力延伸到互联网上。

二、直销为首的全网营销

这种模式是企业认定电子商务是作为线下实体店的补充，通过增加网上零售的渠道来扩大覆盖客户的范围，以达到增量销售，直接推动主体赢利规模。这种模式以九牧王男装为代表，图 4-13 所示为九牧王在淘宝网上的店铺。

图 4-13　九牧王在淘宝网上的店铺

无论是天猫的旗舰店，还是 QQ 商城的旗舰店，都属于直销体系。从一定程度来说，直销体系都是由公司统一运作，可以加强传统企业从前端营销策略到后端供应链的整合能力。

目前国内具有代表性的网络平台主要有以下几个。

天猫：在淘宝 C2C 平台基础上构建的商城，相当于在集贸市场里开的 SHOPPING MALL，优势是海量的用户和交易量，先聚众再分众。劣势是商家泥沙俱下，商品参差不齐，用户素质不高，商家推广成本高，价格战激烈。

一号店店中店：所有入驻商家都是有资质的企业，比淘宝整体商家实力高一级，与天猫商家类似，优势是商家较淘宝相对有保证，用户素质较淘宝高。劣势是没有淘宝的海量用户和交易量，商家大多是小公司，商品服务能力较弱。

QQ 商城：服务 QQ 会员的高端平台，只限一、二线品牌商或品牌的网上授权代理进驻。优势是大量 QQ 会员用户和最优质的顶级商家，劣势是品牌少、商品少，只依托 QQ 资源针对 QQ 会员服务，对外影响力弱。

京东开放平台：招商对象为品牌商和有实力的线上线下零售商，优势是大量的优质实力商家，不伤害品牌，不比拼价格，为商家提供京东物流等增值服务使用户得到与京东一样的购物体验，有最优质的用户群。劣势是与自营采购之间的平衡关系，相对逊于淘宝的用户数和交易量。

第三节　线上和线下渠道的和谐之道

如何解决线上与线下的渠道平衡问题是现实所面临的挑战。谁的功力强，谁能平衡得更好，谁能理清实体店和网络营销这两个不同渠道的关系，谁就能在电子商务领域走得越快越远。

对于电子商务，我们应该清楚“电子”只是手段，商务才是目的。电子商务无论以何种面目出现，只要它能让企业达到“提升效率、降低成本”两个根本目标就可以了，剩下要做的是解决好实施过程中遇到的问题。

品牌有三个阶段：产品品牌化、利益品牌化和体验品牌化。通过电子商务，顾客和品牌的关系是“亲密无间”的——没有中间人、没有销售商、没有房东，也没有向领导品牌获取议价能力的需要。尚处在产品品牌化阶段，也就是基于产品的属性本身，为消费者提供利益，从而产生联系。但传统品牌企业曾经的优势成为新模式的包袱，辛苦多年打造的成千上万家零售终端和励精图治的零售管理体系，却让不受任何约束的互联网一夜之间拉回到“解放前”——完全不同的商业模式让他们头痛不已。

在线下实体终端，品牌连锁店越多越好，这是企业实力的体现。事实上，特步公司在实体渠道上很有实力，2010 年特步半年报披露，计划到年底特步公司旗下的品牌零售店和旗舰店分别增加到 7000 家和 40 家。中国广阔的地域也给特步公司的渠道扩张以巨大发展空间。不过，在没有地理界限的互联网世界里，而且还是同一家网上商城——天猫，出现那么多同一品牌的专卖店，如何平衡它们的竞争关系，绝非易事。

同样以多店出现在天猫的李宁公司首席运营官郭建新说：“我们现阶段要做的就是通过建立网上专卖店，树立李宁公司的品牌形象，并且探索对网上零售渠道多种形态的管理和经营模式。”图 4-14 所示为李宁在淘宝网上的店铺。

其实想开拓互联网渠道的传统企业很多，它们有的是线下强势品牌，有着成熟的渠道管理经验，也看到了互联网这个高速增长的新市场的前景，然而在建立互联网零售渠道上无太多经验。新旧渠道的交织与碰撞，挑战着他们。

两年前，传统品牌纠结要不要做电子商务的最大的原因是，线上渠道和线下渠道的冲突问题。由于线下渠道的成本较高，加价率自然就高。线上渠道成本比线下低一些，加价率自然较低，使得很多传统企业形成了一个印象：线上的价格远低于线下。

图 4-14　李宁在淘宝网上的店铺

事实也是如此，由于在互联网渠道，用户的转移成本很低，从一个店铺转移到另一个店铺，只需要几秒钟，比价变得容易。在这样的情况下，线上价格竞争的直接结果就是低价为王。但这并不意味着大量的消费者都存在着线上线下比价下单的行为。中国的消费群体是极其庞大的，网购用户和线下用户实际并不冲突。线上线下渠道冲突的根源主要来自于代理商而非消费者，这是因为代理商害怕网上的销售冲击到自己的利益。因此，一旦看到线上的价格低于线下价格立刻就会向品牌商投诉，给品牌商施加压力。几乎所有的传统品牌商在面对互联网渠道时都曾面对过这个问题。2011 年正大体育启动电子商务，公司收到了不少来自代理商的投诉，说是网上的产品冲击了他们的实体店，让他们店铺的销售额下滑。实际上，早在品牌商启动电子商务之前就有代理商私自在网上销售产品。代理商一边叫嚣着公司开辟线上渠道损害了他们的利益，另一方面，自己却把大量的货品放到网上来。淘宝上那些没有品牌授权的货品大部分来自代理商。代理商真正担心的是自己的利益，如果品牌商大规模进军互联网渠道，代理商在网络渠道的空间就会变得越来越小。

因此，传统企业进军电子商务如何协调线上价格对线下渠道的冲突，如何让线下线上渠道无缝协同就变得非常重要。单纯地讨论如何解决渠道冲突，早已不具有探讨价值，就像现代渠道和传统渠道之争，超市卖场和便利店之争一样，渠道冲突是必然的。企业家们应该思考的是：如何针对电子商务的特性，制订全新的营销战略，多渠道和谐地培养客户，让线下实体店与线上网店共存、共荣，才能让渠道冲突由减法变加法，由加法变乘法。线上线下协调主要有以下几种方法。

1. 不同市场不同品牌。罗莱家纺推出专门针对网购的 LOVO 品牌，报喜鸟推出 BONO 品牌，帅康推出网络专销品牌康纳等。

2. 网络产品差异化。一般来讲，在线下好卖的产品，在线上就容易卖。正大集团就将线下商品中最畅销的商品款式，结合网络客户需求，经过改良后（例如：改变扣子的形状，或者改变吊牌的颜色、洗水标颜色等）作为网络专供品在网上销售。

3. 限时特卖。将促销产品一档一档地卖，每个时段、每周或者每天针对会员推一档产品，卖完即止，这种方式可以密集出货，且对线下渠道影响较小。

4. 网上吸引客户下单，线下配送。福建特色龙公司就采用网上促销为线下终端吸引客流的方式，顾客网上下订单，当地实体店提供配送和售后服务。这种模式是将线下商务的机会与互联网的技术结合在一起，让互联网成为线下交易的前台，同时起到推广和成交的作用。通过线上线下互动形成良好的购物服务体验，更加贴近消费市场。这就是新的商务模式——Online 2 Offline 模式（线上到线下，简称 O2O）。

对于品牌商来说，无论是“纯鼠标”、“纯水泥”还是“鼠标+水泥”，最终的目标都应该是服务消费者，渠道平衡应该是为之服务的，千万不可本末倒置。

传统企业缺乏互联网经验，更不用说管理线上渠道的经验。商业的本质是满足消费者的需求，电子商务只不过是认识并找到消费者的手段，网络时代的基本精神特质是开放，其商业模式也体现出更为开放的追求。开放企业边界、与企业内部组织深度整合，将电子商务升级到更具战略意义的品牌经营模式，将是众多传统线下企业尤其是发展中的中小型企业发展电子商务的一条重要路径。

第四节　电子商务不可轻视的数据化管理

数据化管理是根据企业在经营过程中所产生的重要数字在其中起到的重要作用，通过分析并制订有效的经营目标来进行有效管理的模式。

数据化管理能够量化管理对象与管理行为，实现计划、组织、协调、服务、创新等职能的管理活动和管理方法的总称。运用量化管理技术来解决管理问题，即管理的可计算性，数据化管理最能说明管理现状，是企业制订业绩的标准，实现量化管理的基础。

数据化管理的内容包括：工作内容、知识结构、竞争情报、数据存储、归纳分析、财务监视等。和传统营销模式相比，电子商务的一切活动都可以用数据的形式呈现出来，电子商务的数据化采集更加及时、准确和全面，从而使得电子商务的数据化管理可以体现出更大的价值。数据管理不只是一个简单的 ERP 软件，它是一个电子商务全过程的管理体系。

数据化管理在电子商务活动过程中的作用主要有以下几点：

1. 为决策者提供清晰的管理思路，让计划和目标一目了然。有助于工作中固化管理指令、工作流程，使各类经营指标在快速传达过程中，清楚明确。

2. 重视数据就会强化管理细节，如库存的合理性，定价的合理性，利润的明确性，财务是否健康等。

3. 数据化管理对管理的各个层面进行了量化，提供最真实的数据，可以优化流程，建立标准，便于推动绩效考核体系。

4. 数据是企业决策的依据，无论任何决策数据都是最好的判断标准。

电子商务的数据化管理是有公式的，转化率是电子商务追求的重点，转化率必须分清谁转化到谁；对转化率的分解与了解，决定了最终的运营方向。图 4-15 所示的是转化率的公式。

利润=销售额×利润率
=（购买人数×客单价）×净利润
=（进店人数×购买转化率）×客单价×净利润率

= { 广告展现×广告转化率
推广展现×推广转化率
搜索展现×搜索转化率
……×……转化率 } ×购买转化率×客单价×净利润率

图 4-15　转化率公式

当然，电商数据的来源是多方面的，主要有以下几个方面：

首先来自于系统内部，包括：营销管理系统、ERP 系统、商品管理系统、客户服务系统、物流管理系统、财务管理系统等。

各种分析工具也能带给我们大量的数据信息，比如：淘宝的量子恒工具，为淘宝店铺量身打造的专业数据统计分析系统，通过对店铺的被访及经营状况等数据进行分析、解读，帮助掌柜更好地了解店铺的优缺点，为店铺经营决策提供充分的数据支持。

例如，从图 4-16 所示的数据中可以看出主要的消费者来源。

数据管理也是对客户维护的最有效、最直接的管理方法。数据营销可以很好地和其他营销手段结合，大大提高销售的精准性。比如，新品发布时，我们会向客户群发信息，告知活动详情；在节假日给客户发送问候信息。这是最简单，也是最常见的用途。这里不做过多阐述。

图 4-16　数据分析

再比如，我们把用户的信息进行统计，客户的消费习惯、年龄、性别、购买能力、职业、家庭成员情况、所在城市、婚姻情况、喜好的款式风格、喜爱的颜色……然后对这些数据进行分析，把客户进行分类整理，了解客户的购买习惯。假如有一款新产品上市，我们就能根据产品的定位，很准确地找到客户群体，实现快速销售，而不是在没有细化分析客户之前那样盲目地群发信息。无论是要做口碑营销还是病毒营销，都要有我们数据库营销的数据作为前提。图 4-17 所示为数据库信息显示。

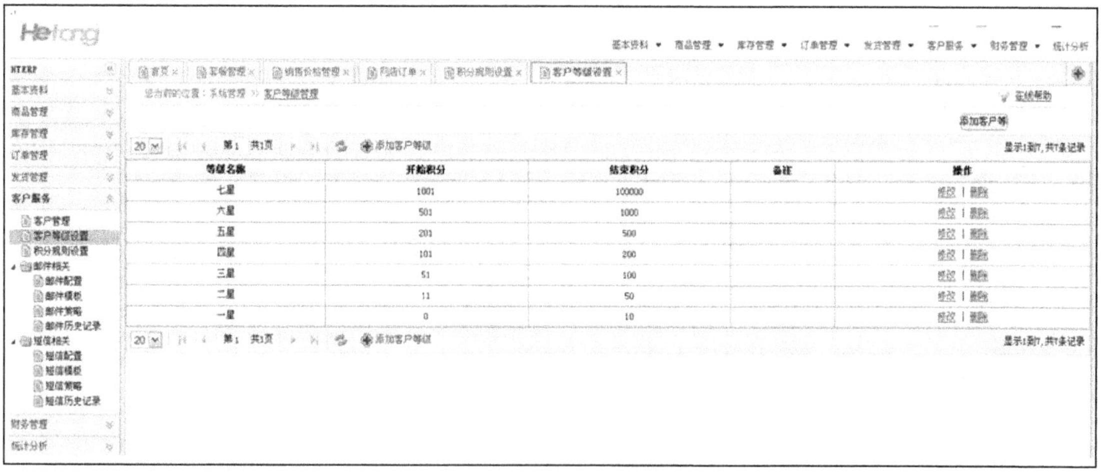

图 4-17　数据库中的信息

要把数字化管理作为企业经营战略的一种方式。要坚信数据化管理对企业的长期发展和提高竞争能力至关重要，要不遗余力地推行数据化管理，所有的组织体系要支持数据化管理的建设。要有负责数据管理的专业人才，制订计划和管理、分析数据，形成报告提交给各相关职能部门。加大对数据化管理建设的资金投入，建立支撑数字化管理的基础设施，如 ERP 管理软件。

要创造对数字化管理的企业文化。有利于数据化管理的企业文化包括良好的员工职业道德、企业荣誉感和团队精神等。此外，企业领导人的支持是数字化管理成功的根本保证。

图 4-18 所示为电子商务数据分析指标体系。

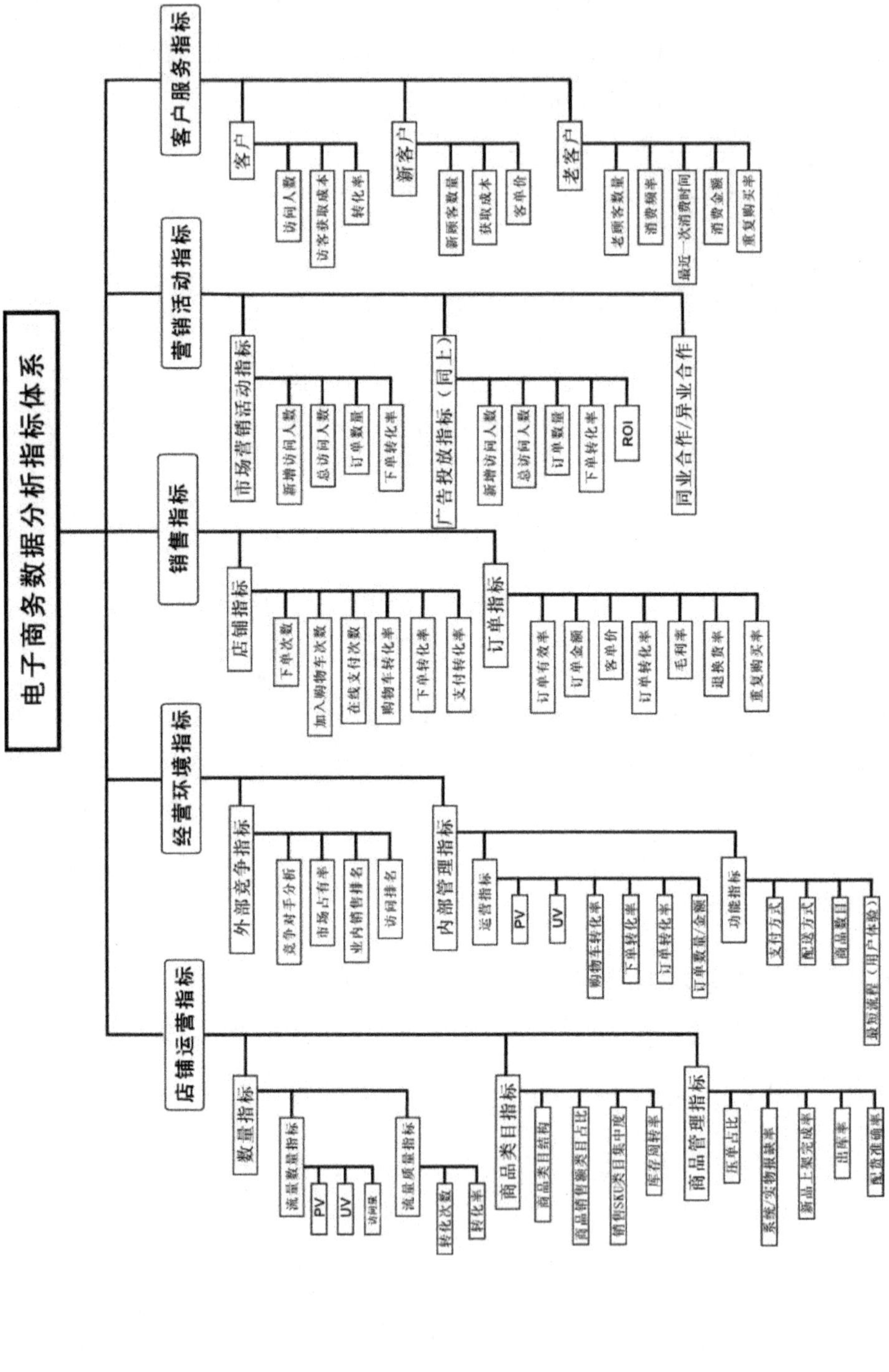

图 4-18 电子商务数据分析指标体系

下面对电子商务中涉及的主要数据指标进行一下解释。

1. 浏览量（PV）：店铺各页面被查看的次数。用户多次打开或刷新同一个页面，该指标值累加。

2. 访客数（UV）：全店各页面的访问人数。在所选时间段内，同一访客多次访问会进行去重计算。浏览量和访客数的比值越大，说明用户在卖家店铺中查看的页面数越多。如果此比值较小，卖家可以考虑增加一下各种宝贝间的关联，或对宝贝分类重新进行调整，以吸引用户对店铺中其他宝贝的关注。

3. 回头率：指回头客占店铺总访客数的百分比。回头率越高，说明您的店铺或宝贝受欢迎程度越高，访客的忠实度越高。若该指标不高，可以考虑改善商品质量、售后服务或者增加用户交流。

4. 跳失率：表示顾客通过相应入口进入，只访问了一个页面就离开的访问次数占该入口总访问次数的比例。该指标不显示今日数据，只能提供昨天及以前的数据。最近 7 天、最近 30 天等数据则是计算前 6 天或前 29 天的数据。

该指标可以直接体现出店铺页面是否有足够的吸引力让访客深入访问下去。跳失率的数值越小代表店铺或宝贝越可能受欢迎，买家更愿意访问更多的页面，反之，数值越大说明越不受欢迎。

5. 停留时间：用户打开本店最后一个页面的时间点减去打开本店第一个页面的时间点（只访问一页的顾客停留时间暂无法获取，这种情况不统计在内，显示为“—”）。时间越长，说明店铺内容越吸引买家；若时间很短，卖家可以考虑调整店铺内容，或进行装修等。

6. 搜索次数：在店内搜索关键词或价格区间的次数。搜索次数越高说明该关键词或价格区间的被关注度越高，该指数可以帮助卖家优化店铺相关页面关键词，提高搜索相关度，以增加流量。

7. 收藏量：用户访问店铺页面过程中，添加收藏的总次数（包括首页、分类页和宝贝页的收藏次数）。

8．浏览回头客：指前 6 天内访问过店铺、当日又来访问的用户数，所选时间段内会进行去重计算。

9．浏览回头率：浏览回头客占店铺总访客数的百分比。

10．全店成交转化率：即全店成交转化率=成交用户数/访客数。单日“全店成交转化率”指单日成交用户数占访客数的百分比。

通常情况下，有助于提高全店成交转化率的因素有：

- 宝贝（时令宝贝）图文细节有吸引力。
- 相比同类宝贝，价格、运费便宜。
- 相比同类宝贝，店铺信用等级较高、客户服务到位、买家评价较好。
- 店铺装修、页面布局较好。

建议卖家根据全店成交转化率的变化趋势，对应以上各因素调整相应的店铺优化策略。

11．全店转化率均值：指所选择的某个时间段，全店成交转化率日数据的平均值。如“月报”中，全店转化率均值=该月多天转化率之和/该月天数。

12．宝贝页成交转化率：成交用户数占宝贝页访客数的百分比，即宝贝页成交转化率=成交用户数/宝贝页访客数。

通常情况下，有助于提高宝贝页成交转化率的因素有：

① 宝贝（时令宝贝）图文细节有吸引力。

② 相比同类宝贝，价格、运费便宜。

③ 相比同类宝贝，店铺信用等级较高、客户服务到位、买家评价较好。

④ 店铺装修、页面布局较好。

建议卖家根据宝贝页成交转化率的变化趋势，对应以上各因素调整相应的优化策略。

13．平均访问深度：访问深度是指用户一次连续访问的店铺页面数（即每次会话浏览的页面数），平均访问深度即用户平均每次连续访问浏览的店铺页面数。在“月报-店铺经营概况”中，该指标是所选月份日数据的平均值。该指标越高，说明店铺的吸引程度越高，卖家希望深入挖掘您店铺内的信息。

14．人均访问宝贝页面数：平均每用户浏览店铺宝贝页面的次数，即人均访问宝贝页面数=宝贝页浏览量/宝贝页访客数。通常情况下，店铺装修、各类主题活动、新品、热销推荐等图文设置越吸引人，每用户浏览的宝贝页面数越多。

15．客单价：客单价=支付宝成交金额/成交用户数。单日“客单价”指单日每成交用户产生的成交金额。

通常情况下，客单价增高，可能是由于：

① 搭配销售、回头客营运效果好。

② 每个用户购买的宝贝数量多。

③ 价格较高的宝贝销售好。

客单价是衡量店铺销售的客观指标，卖家可根据该指标的变化曲线调整宝贝的促销计划。

16．客单价均值：指所选择的某个时间段，客单价日数据的平均值。如“月报”中，客单价均值=该月多天客单价之和/该月天数。

17．拍下件数：宝贝被拍下的总件数。

18．拍下笔数：宝贝被拍下的总次数（一次拍下多件宝贝，算拍下一笔）。

19．拍下总金额：宝贝被拍下的总金额。

20．成交用户数：成功拍下并完成支付宝付款的人数。所选时间段内同一用户发生多笔成交会进行去重计算。

21．成交回头客：曾在店铺发生过交易，再次发生交易的用户称为成交回头客。所选时间段内会进行去重计算。

22．人均成交件数：平均每用户购买的宝贝件数，即人均成交件数=支付宝成交件数/成交用户数。

23．人均成交笔数：平均每用户购买的交易次数，即人均成交笔数=支付宝成交笔数/成交用户数。

24．当日拍下-付款件数：当日拍下、且当日通过支付宝付款的宝贝件数。

25．当日拍下-付款笔数：当日拍下、且当日通过支付宝付款的交易次数。

26．当日拍下-支付率：当日拍下并通过支付宝付款的笔数占当日拍下笔数的百分比。即当日拍下-支付率=当日拍下-付款笔数/拍下笔数。

27．成交回头率：成交回头客占成交用户数的百分比。即成交回头率=成交回头客/成交用户数。

28．宝贝页（促销）成交转化率：参与宝贝促销活动的成交用户数占宝贝页访客数的百分比。“按月”、“按周”查看报表时，该指标是所选时间段内日数据的平均值。

29．非促销成交用户数：未参与宝贝促销活动的成交用户数。

30．促销成交用户数：参与宝贝促销活动的成交用户数。

案例　摸石头过河——李宁的电子商务之路

“我只在乎为何而动，而不是如何动，试着和你的身体沟通；痛可以变痛快，压力可以是动力，试着和你的身体和解；接受它如此柔韧，接受它如此强烈，试着和你的身体和平相处。”

这是李宁最新推出的 Inner Shine 广告文案部分，此段话贴切地诠释了李宁发展电子商务的理念，这一理念告诉我们，李宁在发展电子商务的过程中并没有去寻找什么“战略计划”，而是直面一条蜿蜒曲折的道路，一边往前走一边认识了解自己。

网购快速激活李宁升级

电子商务的本质是零售，客户始终是品牌商的最大资源，虽然网购服务的重点与实体店有相似之处，都是以满足客户体验、快速反应、紧跟或引领时尚为主，但在分销方式、供货渠道、服务流程、服务内容上有极大的差别。原来外包给代理商、促销员的订单销售和工作内容，转变为客户与网购商城的程序、客服联合完成，从货品分拣、物流运输到财务结算，这些基本的供应链管理打破了传统的方式，变得即时而交互。

消费者在购物过程中，商品的挑选与付费不再有促销员的推荐与引导，而改为由网站程序来完成，消费者不再自运货品，而需要强大快速的物流体系完成产品运输，消费者变得更为主动而挑剔，消费者的选择与判断更加快速而多变。

李宁超过 6000 个线下店铺只需要通过一个发货系统发货即可，它既不需要零售能力、单件的配送能力，也不需要拣配能力。但电子商务则要求三项能力均要同时具备，而且响应速度要更快。而对超过 2.7 万个的李宁网络经销商进行管理这个问题也直接“激活”了李宁品牌的整体升级。

勇于尝试的营销理念

按照既往的期货式订货模式，李宁的设计师会在秋季展出下一个年度的春夏系列（在春季展出秋冬季系列），这样线下经销商的采购员可以提前半年订货。但网络周转速度则要求快得多，网店要求现货制，交货周期最好能缩短为 7 到 10 天。而现在，我们浏览李宁的官方商城，李宁在上海和浙江等省市可提供隔日送达服务，对全国 100 多个城市可提供货到付款服务，并为网购消费者特别定制了李宁专属的包裹箱。这让很多企业望李宁兴叹，很多运动服饰的厂家还在纠结：如何平衡渠道利益冲突，如何投放资金自建库存，如何改变供货机制、流程、周期，如何合理应用高额广告费用等诸多成本问题时，李宁已经一骑绝尘，遥遥领先。

在巨大的市场面前，包括雅戈尔在内的传统服装品牌已越来越多地加入到了电子商务的队伍。截至目前，李宁、匹克、七匹狼、利郎、劲霸男装、九牧王等国内知名的服装品牌都能在网店商城上找到其官方旗舰店。此外，以一线品牌为主的网络营销平台 YouS-tars，现在也迎来了 Energie、阿玛尼、DIESEL 等数十个国际知名品牌的青睐。

后事之师，非一蹴而就的李宁电子商务

李宁电子商务项目 4 个月就能实现赢利的信息也许会误导很多企业，而很多传统鞋服企业的电子商务项目就是在这样的“神话故事”中成为半途而废的创新项目。要知道，李宁触网的时间可以追溯到 2005 年 4 月，李宁冠名网易体育频道。以短期赢利能力来决定创新项目主次的僵化模式对传统鞋服企业极为不利：它可能把许多有潜力的项目终止在早期研发阶段，从此束之高阁，势必会危及企业核心业务之外的增长能力。而李宁在这个问题上采取的合作方式是解决这个问题的关键所在，这样不仅节省投资在这些项目上的大量时间和资金，还能培养新的网络分销商的合作伙伴关系，促进创新生态系统的发展壮大，为李宁带来利润丰厚的商业收入。

回顾李宁的互联网大事记，我们也可以更清晰地发现李宁的商业逻辑：做社区、做品牌宣传、做互联网的品牌沟通。李宁公司除了在自己官方网站上有自己的社区以外，还跟

新浪、天涯等论坛保持非常密切的沟通，他们会组织一些顾客来参加产品的评鉴会，还会组织来自论坛的粉丝一起去丽江等地活动。

相对于普通的零售业来说，电子商务有着先天的优势：数据完整而且及时——能够拥有所有客户的购物历史信息，而且在客户来到店面时能在第一时间知晓，完整和及时的信息给客户关系管理提供了很大的方便。

第5章

传统企业入网方法指南

按当前电子商务发展环境成熟的程度和电子商务成长的趋势，传统企业电子商务化已经是不可逆转的趋势。几乎所有的传统企业决策者都被媒体营造的电子商务神话以及身边大量活生生的网购案例所包围。而伴随着企业成长多年的传统渠道商羽翼丰满、战功卓著，甚至是功高震主，任何对其现实利益有冲突的决策势必引起其不满、抵制乃至退出。电子商务特有的跨地域销售特征，易使品牌商因操作不当而引发渠道冲突，最终可能演变为全体系与生产制造企业的对抗，成为传统品牌商渠道体系崩溃乃至市场地位削弱的诱因。

第一节　不同类别传统企业触网分析

准备触网和害怕却渴望触网的传统企业一般分为 3 种类型：零售渠道型企业、生产型品牌企业和外贸转内销尚未有自主品牌的企业，不同类型的企业，需求不同，目的不同，做法亦有所不同。

一、零售渠道型企业

零售渠道型品牌企业的营销模式其实是最接近 B2C 的业态，同样的零售属性，相近的流程，相同的产业链位置和掌握终端的力量。电子商务是对零售业的延续改良与创新，快速的流通、广阔的市场、精细的运作、更低的推广成本、更多的客户互动等。开展电子商务不可避免的是要如何平衡线上线下关系，内部利益切割是否得当以及能否承受转型成本等问题。人人皆知的零售巨头国美、苏宁大卖场跟生产商、代理商的那一场博弈，虽然最终双方各退半步，以息事宁人收场但从此以后则是心存芥蒂，貌合神离。因此，这类传统企业在发展电子商务的时候，一定要有合理的期望值，稳扎稳打，循序渐进，足够的投入，同时致力于理清内部关系，把内部阻力减到最小才能取得理想的成绩。

传统零售型企业售卖经验丰富，有第一手的市场消费信息，渠道品牌的消费者信任度高，在消费者体验方面，线上线下呼应较容易达成的优势也为其开拓电子商务 B2C 提供了有利的条件。

这类企业比较成功的代表品牌有诺奇男装，诺奇公司成立于 2004 年，总部位于泉州，产品运营中心位于上海，是中国 SPA（自有品牌服装专业零售商）自建渠道的营销模式的先行者，能够规范快速地进行连锁复制。电子商务对于诺奇这个零售品牌而言，因为全国都是直营店，不存在串货和价格问题，所以他们可以轻松地在网上商城实行“产品和价格与实体店相一致”的模式。诺奇公司品牌总监汤元彰说：“比如北京的消费者在诺奇网上店铺下单购买，诺奇在北京的直营店就直接进行物流配送和跟踪服务，销售业绩也直接挂在北京直营店下，这样，不但节省了物流配送的成本，也提高了实体店铺的客流，重要的是能够就近为网络消费者服务。”

图 5-1 所示为诺奇天猫店铺的首页。

图 5-1　诺奇天猫店铺

需要提醒这类企业的是，由于经营时间较长且线下规模较大，企业往往抱着不切实际的高期望值，动不动就扬言必超越京东、当当，这种想法要不得，还要脚踏实地慢慢来。

二、生产型品牌企业

生产型品牌企业是指有生产能力、有自主品牌的企业，它的营销通路通常是以代理加盟为主，本质上是 B2B2C（企业对代理公司对消费者）的模式，也有部分企业启动了自己的直营体系，类似电子商务的 B2C 模式。生产型企业具有强大的供应链优势和强大的品牌资源，但在电子商务领域里却并不具备天然优势，品牌策略等对这类企业来说依然是挑战。传统企业越是成功，对供应链伙伴关系就越为重视，会尽一切努力保障原有体系的稳定性。在长期的经营过程中，往往会与供应链中的供应商、代理商、运输商等建立良好的伙伴关系，通过供应链企业的多赢，实现自身的战略目标。而电子商务因其没有地域和时间的限制的特性突破了传统企业在实体经营里的时空观念将企业与消费者的沟通变得更加便捷，信息更加透明。

2008 年杰克琼斯在淘宝上的直营店正式上线之后，实现了不错的销售业绩。经过分析，杰克琼斯发现：这些订单大多来自于当时杰克琼斯的线下销售网络所没有覆盖的二、三线城市，因为杰克琼斯在中国的品牌知名度较高，其渠道主要分布在一、二线城市，目前尚难覆盖三线以下的城市。但是这些没有覆盖到的区域对其也有需求，消费者却很难在线下购买到产品。这让杰克琼斯意识到了电子商务 B2C 对于销售渠道的扩展和补充作用，将网店纳入其在华总体战略之中。

解决了 B2C 的问题之后，对于网上大量的 C2C 网店，由于其数量较多，在某种意义上也成为一个小店。对此，杰克琼斯虽然没有与之签订正式的授权协议，但是通过供货、产品服务和优惠条件，将其收至麾下。目前，已经有数百家 C2C 网店纳入了杰克琼斯的管理体系之中，一方面便于杰克琼斯控制产品质量，打击仿冒品；另一方面，有利于杰克琼斯执行统一的渠道管理政策。图 5-2 所示为杰克琼斯在淘宝上的店铺。

2011 年，伴随着千寻网被收购，美邦服饰决定停止运营“邦购”电子商务业务，麦考林 M18 总经理浦思捷在微博上宣布离职等事件，传统生产型品牌企业在电子商务运营上折戟沉沙似乎已经悄然成为一种行业现象，对于传统品牌企业而言，如何运作好电子商务，至今还处在一个探索阶段，至今我国还没有一家知名品牌服装进军电子商务的成功案例。

图 5-2　杰克琼斯在淘宝上的店铺

三、外贸转内销的企业

外贸转内销的企业大多有特定领域的产品设计能力、生产能力以及已经有了良好的供应商资源，只是国际市场的风云变幻，大多数企业是在外贸利润大幅度减少的情况下，或者是在外贸业务订单锐减的情况下，或者是在碰到阶段性的外贸前景不明朗的情况下，希望“转内销”以期望在国内市场取得战略地位。正如有人曾感言的那样：在中国，一杯牛奶能卖出亿万富翁、一瓶水能卖出亿万富翁、一瓶洗发水一年内卖出上千万箱并不是什么新鲜事儿。现实中许许多多的企业，之所以在过去和现在能够取得成功，除了它们自身的努力外，在极大程度上是因为中国市场的机会多。中国还将继续发展，市场机会还将层出不穷，中国市场还将造就一批又一批的成功企业。国内市场的营销机会为外贸企业内销成功提供了前提条件，也是众多的外贸企业已经“转内销”或计划“转内销”或想要“转内销”的动因之一。

外贸企业长期按照客户需求生产，属于“订单—生产—交货—完成交易”简单的业务流程，并不需要对营销模式和品牌制造花心思，因此营销通路的开拓上缺少经验和资源、在品牌的塑造上都属于短板。现阶段消费市场已经进入品牌认购阶段，消费者在终端的购买行为越来越倾向于品牌潜意识购买。外贸转内销企业初入国内市场，优势主要集中在生产能力及产品质量等硬性条件上，而在直接决定了消费者潜意识认购的品牌资源方面则严重短缺。其实不论是在商场开设专柜还是在街区开设专卖店对外贸企业来说风险都极大，但是电子商务的兴起为这些企业转内销提供了一条重要的通道。

下面来看一个成功转型的案例。如果不是几年前的那场金融危机，现在的吴诗辉或许仍是个给国内外服装品牌做代工生产的小老板。从 2007 年开始，来自国外的厂商开始减少甚至取消了订单。于是，他决定放弃外贸转向自主品牌——斯波帝卡男装，在厦门开起了实体门店，最终因资金问题无疾而终。他也曾学淘宝、当当、PPG 自建 B2C 网站，但投进去的钱几乎全都打了水漂。2008 年淘宝网招募第一批外贸转内销网商时，抱着试试看的心态，吴诗辉赶在最后一天报了名。

这一年，斯波帝卡凭借多年在设计、生产上经验的积累，在淘宝卖出了 300 万元销售额；2009 年上半年，他甚至把房子拿去抵押，然后把抵押的钱用做推广费用，当年斯波帝卡的销售额就增长到了 1000 多万元。随后，斯波帝卡开始在腾讯拍拍、当当、京东、红孩子、亚马逊等平台全面出击，2011 年，销售额达到了 1.5 亿元。图 5-3 所示为斯波帝卡在淘宝上的店铺。

我国大中小型外贸企业超过 30 万家，它们之中的相当一部分现在或未来都将面临要不要“转内销”的问题。要不要“转内销”，首先需要充分考虑的是“转内销”的机会和风险。

图 5-3　斯波帝卡在淘宝上的店铺

第二节　安全的入场策略

电子商务已经进入快速增长时期，增长伴随着成长，电子商务已经走过初级阶段，进入到营销时代，技术壁垒已经不再是妨碍传统企业进入电子商务的障碍，而营销模式已成为传统企业电子商务取得成功的关键因素。比起许多 80 后起步创业的纯电商企业，传统企业在资金、供应链管理、各种资源等方面有着非常强的优势，但这些优势在某种程度上却会成为他们在电商范畴的障碍，传统企业品牌越强大进入互联网领域就要越谨慎，准备就要越充分，否则受到的伤害就越大。

有一句玩笑话说传统企业做电商就像是“富二代”创业，有的是资金和资源，少的是经验和技术，同时又有先天的束缚，他们的电商之路充满了各种纠结。正因如此更需要在触网的同时寻找需要相对安全的入场策略。

方法一：在第三方平台开设网店试水电子商务

组建自己的电商团队，找几个有电子商务从业经验最好是有平台资源的人才辅助内部团队的成长。入驻一些高质量的 B2C 商城开设网店，让虚拟渠道运作成为企业的直销渠道，使线上成为一个新的销售窗口，这种进入线上的方式便捷且安全性很高。其实这种从潜水区入网的方式并不只适合中小企业，对刚刚涉足电子商务的知名企业而言，也是较为理想的选择，因为相对自建 B2C 平台而言，这种方式的运营成本低同时较为安全。

比如线下强势品牌男装九牧王到现在也还只做淘宝店，作为电子商务前期启动的铺垫。当然，只要启动了就不要让电子商务形同虚设，天猫上就有不少线下知名品牌的官方旗舰店，其业绩都做不过授权的经销商专营店。

方法二：以团购为重点带动电商团队成长

2011 年，中国团购市场交易规模达到 237 亿元。这一年，在团购带动下约 108 万家传统企业参与电子商务活动，团购从本质上在推动电子商务市场稳步成长。传统企业触网之初，先以团购的形式带动电子商务部的成长，在产品方面直接将线下商品转移到线上贩卖，对库存商品进行打折清货。

比如 NBA 官方授权的内衣运营商红地公司，就是以团购为重点带动团队的，每个月团购的销售额在 200～300 万元左右，占公司电子商务部销售业绩的 80%以上。团队业绩好，整个团队的士气就很高，成长的速度更快。

方法三：一步到位 O2O

传统企业可以充分利用品牌的优势资源，有效利用线下成熟的渠道，线上销售，线下出货，调动所有经销商为物流配送，线下经销商反向 B2B、B2C，集中营销。这种方式将线上线下整合成为一个系统，让品牌从传统营销环境到互联网世界形成合力，最终取得最大利益。这种模式下线上并不直接产生业绩，需要与线下实体共同分享利益，需要利益分配公平公正，否则只要有一方觉得利益不公就会产生负能量，得不偿失。这种模式对资本和运营技术的要求会较高，需要一个执行力强的团队。福建特色龙公司在 2010 年年底开始在全国七大市场开始试行，我们期待看到一个成功的典范。

方法四：创建新品牌打新市场

电子商务的本质在某种程度上来说是渠道营销，可创建一个新品牌，区隔线下实体店的目标消费群体，优点是能够有效区隔渠道之间的冲突，缺点是对原有品牌影响力的促进不强，需要重新在消费者心中树立品牌形象。

例如，在家纺行业几乎从不打折的罗莱家纺选择了一条与众不同的路线试水电子商务，注册独立的电子商务品牌 LOVO，设立了 LOVO 事业部开展电子商务活动。

方法五：借船过海、扬帆起程

传统企业开展电子商务也可以采取借船出海的方式，将电子商务业务外包给专业的公司代为运营。专业的代运营服务可以帮助企业有效地降低成本，获得更专业的服务，提高资本产出率，满足企业对快速开展电子商务战略的需求。以淘宝店运营为例，有了代运营的介入，销售额一般能增长 10 倍以上。

现在在网上做得比较好的，一是网货品牌，二就是代运营商，很多传统企业自建团队运营大都处于停滞状态。从淘宝网提供的一些相关数据来看，一些优秀的代运营公司确实已经达到了“比传统企业自己做得更好”的层面。

福建石狮一家著名的休闲裤企业在规划电子商务之初，就决定将电子商务交给泉州的一家专业的代运营公司代运营，帮助企业快速启动电子商务。由于有了代运营公司的专业人才的配合，这家公司的电子商务业务从规划到执行前后只用了三个月的时间，大大缩短了筹备时间，赢得了市场时机。

对于不同的入场策略，当然有实力的企业也可以同时选择多头进入，关键是寻找适合企业自身的方式，才能使企业在互联网世界取得应有的成果。

第三节　企业开设网店的 6 个步骤

企业开设网店，就像线下开实体店一样，是直接连接消费者的平台，开设终端也是非常重要的营销工作，需要有明确的目的并制订有效的营销策略。

开设网店主要有以下 6 个步骤。

第 1 步：店铺定位（形象店/招商店/销售店）

在网上开店和在网下开实体店是完全不一样的。在实体环境中，开店的第一要素是位置，只要位置好，就有一定的人流，就能产生销售力。在互联网的世界里就要另辟蹊径了，店铺的定位很重要。是开设形象店以带动其他店铺的销售？还是以销售为主用来打造业绩的店铺或者是用以分销招商的店铺，不同的定位，运营的方法和投入的资金也是不一样的。

第 2 步：商品规划及价格规划

在商品的规划上，采取每周上新的方法，每季 3～6 款主推产品以量取胜，作为引流产品，销售量占比为 40%；次推商品 10～15 款作为主要的利润来源，销售额占比为 50%；形象商品 5～10 款，高利润产品销售额占比 20%。价格的规划要参照线上同类品牌的价格定位，不能太高，太高影响销售，也不能太低，太低影响品牌的美誉度。

价格的定位需要考虑的是互联网上目标消费者消费的价格区间，封顶最高价区，寻找适合的主力价格区。图 5-4 所示为产品价格区间比例。

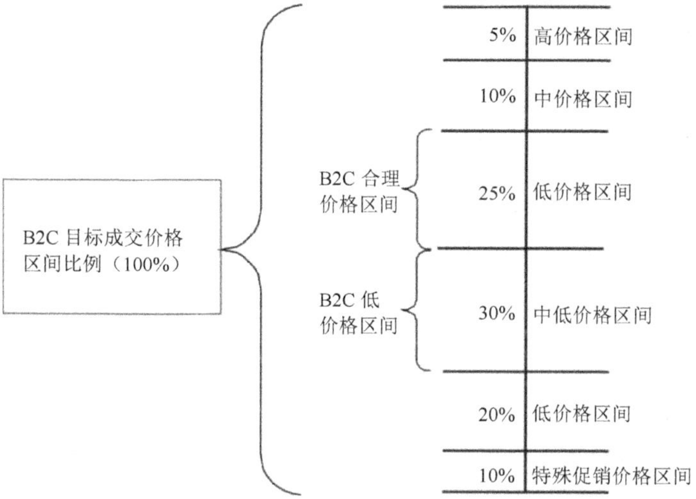

图 5-4　产品价格区间比例

第 3 步：卖点提炼

在产品严重同质化的今天，品牌拉力、产品技术甚至营销手法、推广手段都近乎雷同时，差异化卖点提炼就成为营销能否成功的关键因素。在虚拟的购买环境中提炼一个优秀的卖点，往往能够打消消费者的怀疑，提升消费者对产品的信任感，促成购买。但是网店里产品的细节图不等于卖点图，细节可以成为卖点，但卖点不一定只是细节，这点千万要记住。卖点提炼方法如图 5-5 所示。

1．产品技术卖点挖掘

策划人员与设计人员或技术人员一起对产品进行技术分解，了解产品的特性。只有完全了解自己的产品，才能对竞品做出更深入的分析。图 5-6 所示为挖掘产品技术卖点。

2．卖点包装策划

成功的差异化卖点应具有容易理解、便于传播的特点，对消费者应有较强的吸引力。

优秀的产品卖点，会让每一个顾客感受到产品的附加值，对品牌和产品又多了一份信任。比如说，“正大摇摆鞋的功能独创设计”卖点，从产品的功能设计原理上找出能让消费者从心里产生共鸣的功能特性，但是绝不能无中生有，哗众取宠，想当然地胡编乱说。任何卖点要经得起推敲，要有技术支持。欺骗消费者到头只能是搬石头砸自己的脚，结果“卖点”成了同行的“笑点”、自己的“缺点”、顾客的“骂点”。

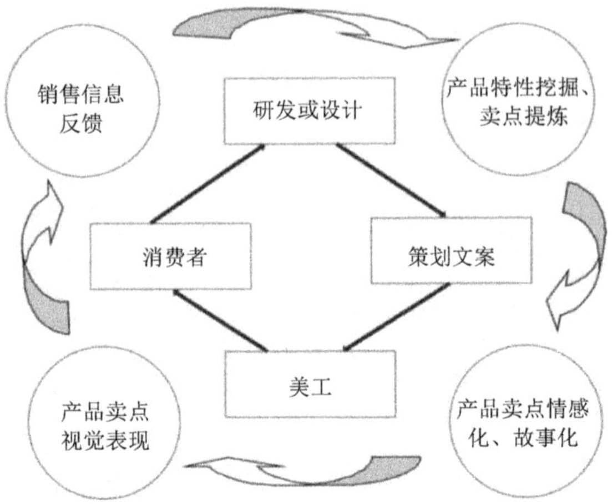

图 5-5　卖点提炼方法

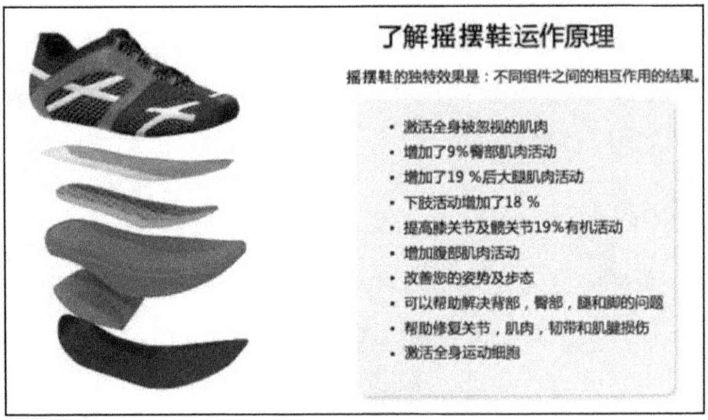

图 5-6　挖掘产品技术卖点

图 5-7 所示为卖点包装方法。

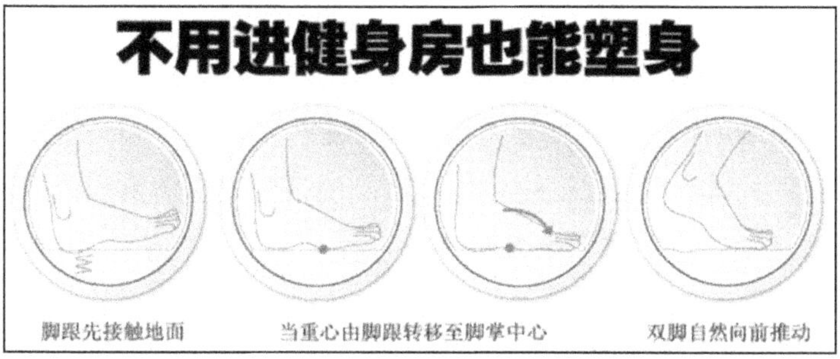

图 5-7　卖点包装方法

3．产品视觉表现

对于网络销售来说，由于是在虚拟空间进行的实物销售，所以产品的销售活动是从视觉开始产生的，同时也是从视觉表现中产生对品牌的信任，从而促成销售，所以视觉的表现十分重要。从产品的拍摄开始，每一个细节都要体现出品质感，在产品卖点的表现和细节的陈述上尽可能地做到全而不繁，画面的视觉冲击力要强。图 5-8 所示为某产品的视觉表现。

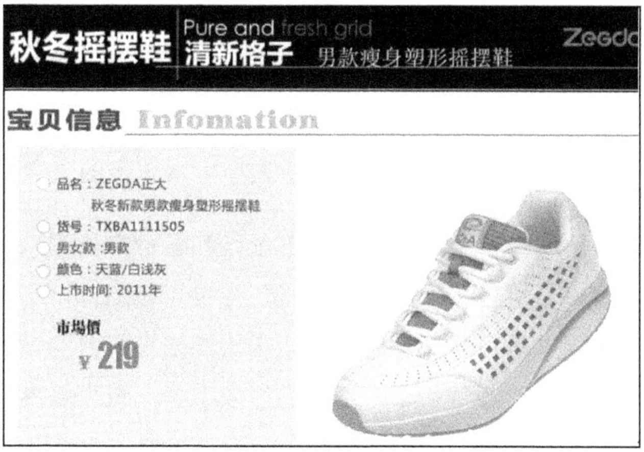

图 5-8　某产品的视觉表现

第 4 步：特色装修

店铺的装修，最重要的就是抓住客户眼球，因为客户只能从网上的文字和图片来了解商品，大部分网上消费者都是以商品为导向的，先了解商品然后了解更多相关的东西。店铺设计是相对于卖场终端的呈现，搭建了买卖双方的平台，设计得好能增加用户的信任感，对品牌的树立能起到关键作用。首页的装修和产品的视觉表现能够树立顾客对品牌的信心。在装修宝贝页面的时候一定要将它当成“一个宝贝页面就代表整个店铺”来装修，要用心装修好自己的每一个宝贝页面。

网店的美化如同实体店的装修一样，都是让买家从视觉上和心理上感觉到品牌的力量，从而增加顾客在网店的停留时间以产生购买行为。

第 5 步：推广引流

有一句话说得好，叫做“内容为王，推广为皇”。你的店也开了，产品也上了，特色也有了，但是还是没有人来购买，甚至有时候连问的人都没有，怎么办？我们要主动出击了，很多方式都是免费的。

比如微博推广。最近微博上有一个很火的帖子：微博卖包真的很有效。这其实就是推广的软文。大家想知道如何做到有效就会去看他的帖子，链接，一点就进他的店里去了，去的人多了就有可能产生销售。当然还有其他方式，其中最好、最省钱的宣传方式就是论坛。互联网上有各种类型的论坛，都可以去做宣传，在论坛推广，签名档是很重要的东西，有时候广告会让人不舒服，那就只有通过签名档来指引感兴趣的人到你店里来。

建议去各省的省站论坛、各个大城市的城市论坛和各种专业论坛。如果该论坛有部分栏目可以发广告（比如有二手交易区、跳蚤市场之类的），就要精心制作一份精美的帖子，发到论坛上，并保持定期更新和置顶，让你的帖子始终处在栏目的第一页。如果该论坛不让发广告贴，那也没关系，把自己商品的精美图片放上去，只当贴图玩，让大家欣赏（例如精美的玩具、漂亮的衣服、时尚的电子产品等），自然就会有感兴趣的朋友通过你签名档的地址到你店里参观了。

第 6 步：服务制胜

服务才是硬道理，网购的商品除了实惠能吸引消费者之外，服务也是吸引消费者的重要因素，也是在电子商务领域里的制胜关键。我曾在京东商城买过一个小狗吸尘器，买回来之后试用了一下不会打开下面的装尘盒，于是跟客服联系说我用过了，但觉得不好用，想退掉。客服很仔细地询问了我的使用过程，发了一个视频让我看一下视频里的使用方法，并特别发了一段文字给我，并用红笔画上重点，告诉我打开装尘盒的方法，同时告诉我如果还是使用不习惯的话随时可以退。我并没有看视频，回家按客服教的方法一下子就打开了装尘盒。于是我的网购基本上就在京东了，因为那个客服人员的服务让我产生信任。

第四节 代运营，传统企业触网快艇

对于传统企业而言，电子商务是一个全新的领域，传统企业做电子商务有着纯互联网公司无法比拟的资源和渠道优势，但传统企业更注重务实性，对于开展电子商务业务也是如此，需要以产生销售为第一目的。商务的本质是相同的，都是一个从“产家”到“卖家”的过程，只是电子商务的具体实施方式、方法和手段传统企业并不熟悉。

2007 年年末，李树斌与其合伙人用 80 万元创办了好乐买，3 年的时间，如今的好乐买已经成为国内最大的正品鞋电子商务公司，2010 年的销售额达 2 亿元左右。但是传统企业在实体营销环境里可以用 100 万元的投资设立分公司，快速打造一个年销售过亿的市场，却几乎不可能用同样的投资打造出一个好乐买。

2010 年以来，海信、TCL、银泰百货、杭州大厦、富士康等传统制造领域的企业纷纷进军国内的电子商务市场。2011 年年底，美邦服饰对外公告暂时停止电子商务业务，美邦在公告中解释称前期的财务风险不可控是“退电”的主要原因。根据美邦“退电”公告显示，美邦前期在电子商务上的投入主要是：人员薪资费用、技术开发费用、物流配送费用及广告推广费用等。投资总额超过 6000 多万不可谓不充分，但电子商务给美邦带来的实际收益却非常低。这种现象美邦也并非是个案，许多传统企业都有类似经历。这主要是因为多数传统企业都希望能在电商转型过程中充分保留独立性，但自身又缺乏支撑建立电商模式所必需的技术和管理能力。当传统企业开始疯狂进军电商的时候，很少有人会注意到成功的有多少。国内传统企业还没有谁能说自己的电子商务真正成功了，能上得了台面的都不多，即使是知名的运动品牌李宁虽然做了好几年，表现也相对一般。

大多数传统企业更愿意选择自己组建电子商务团队进行商务运作，但是在我看来“想喝牛奶不一定要养头奶牛”，换一个方式或许更有利于企业的发展。

我们都知道传统企业具有品牌知名度和强大的供应链管理等优势，但缺乏电子商务技术、运营经验、电子商务人才。如果自己来运营，一方面，成本会比较高；另一方面，难以将整个电子商务的工作真正做好。因此，如果传统企业触网之初将难以解决的问题打包，全部外包出去，交给专业的代运营公司负责互联网上的运营，通过双方的合作，优势互补，借助第三方协助实现共同建设自主经营，无疑是一个很好的解决问题的方式。

代运营企业一般都有一个拥有多年互联网和零售经验的电商运营团队，能够帮助传统企业减少进入电子商务的时间和资金成本，解决运营难题。电子商务代运营可调配企业资源配置，使得企业可保持传统业务与电子商务双向前进。对于传统企业来说，电子商务代运营的好处还在于可为企业发展提供两条线路的稳妥模式，这较之传统企业自身无法把持平衡的发展策略，具有战略上的重要意义。

电子商务代运营服务在中国经历了十年的发展，以代运营为特色的新型服务模式获得了品牌商和资本方的追捧，电商服务型企业从传统企业背后站到了幕前。面对困扰着传统企业电商化的复杂环境，他们能够因地制宜，根据企业的业务发展现状和经营目标，给予他们具有建设性的规划，有实力的电商代运营公司能够为传统企业提供全程外包服务。

一、渠道规划与建设

根据传统企业的业务发展现状与经营目标，结合电子商务环境，电商外包企业为品牌商制订电子商务渠道建设规划，包括平台选择和阶段性销售目标，产品和技术团队根据既定的规划为需要建立的平台做网站策划和技术支持，保证了网站良好的用户体验和安全的交易环境。

二、营销规划执行与品牌管理

代运营公司一般都拥有专业的营销经验和丰富的互联网经验，能够根据客户的目标规划，结合互联网营销的特性，为企业定制电子商务营销规划以及各个阶段的营销计划，他们会按照计划执行并兼顾品牌与销售的营销方案，他们不仅对销售负责，同时也对品牌在互联网上的美誉度负责，也保障了企业每一笔成本支出的营销效果。

三、订单处理与售后服务中心

将电子商务外包出去，传统企业不需要再另外组建在线客服团队。电商外包企业都有专业的、业务素质较高的客服人员，为网购消费者提供在线咨询服务，熟练地处理每一个订单，保证每一个订单及时同步到仓储物流部门，秉着“客服专用”的服务理念，服务商保证每一次顾客咨询都能得到专业的解答。

四、客户管理和数据分析

传统企业做电子商务会因为缺乏运营数据分析能力而失去 50%的客户和销售机会，专业的电子服务商一般都有专门的团队和专业的系统来管理新老顾客，并根据网站相关数据对电商平台运营决策给予依据。

五、商品管理和仓储物流

为传统企业管理网络所售商品，科学地管理每一个 SKU，并且利用仓储管理系统支撑订单与物流同步，提高商品发出效率和准确性。除此之外，代运营企业一般都会与国内各大物流企业建立长期战略合作关系，保证了商品物流的安全性。

与专业的电子商务代运营公司合作，传统企业不用担心销售平台的安全性和技术故障，也能避免因为不熟悉网络营销规则而支出不合理的网络广告费用，更不会因为在线服务不到位而被投诉。企业给予代运营公司资源支持，并输出电商业务目标和方向，配合代运营公司的工作，从而获得满意的产品销售数字，同时在与第三方的业务磨合过程中逐步了解电子商务，寻找适合自己的电商业务思路。一些选择将电商业务运营交由代运营公司来运作的传统企业，他们的电子商务之路走得更为稳健。能有时间在企业内部培养出一批了解自身企业文化，熟悉传统线下业务模式又能够担当企业后期电子商务业务拓展的双线人才，大大降低了企业的运作成本和投资风险，代运营从某种角度上来说是在给传统企业进行电子商务启蒙。

无论对于代运营公司还是对于资本来说，他们的榜样就是美国 GSI。这是一家 1995 年就成立的公司，最初做体育品牌的经销业务，后转型电子商务代运营，在纳斯达克上市，后被 eBay 收购。2010 年，GSI 曾在 15 个行业为 200 多家品牌提供了电子商务代运营服务。

第五节　慧眼识代运营

有不少企业认识到电子商务对传统企业的重要性，也认识到代运营的诸多优点，所以选择以代运营的方式切入电子商务，可是正因为不了解电子商务，所以不懂得如何选择代运营公司和代运营模式，从而不少企业在这方面缴了并不低的学费。

虽然现在市场上的电子商务代运营公司如雨后春笋般涌现，但是现在的代运营市场还是龙蛇混杂，鱼目混珠的现象屡见不鲜。

我曾见过三个人的代运营公司，直接就把电脑搬进企业办公，他们与企业签订的合同里注明了不收代运营费，只享受销售抽成。最要命的是，承诺企业当年的销售居然高达 1000 万元。这三个人都在淘宝上开过几年店，熟悉淘宝规则，之前他们主要是卖 B 货，店铺销售还算不错，可是随着淘宝网的规范化管理，B 货不能卖了，于是他们就开始涉足代运营，给企业做代运营。从某种意义上来说，这类代运营只是简单代运营，只能叫做代运营工作室，不能叫代运营公司。优秀的代运营公司应具备以下几个特点。

1．优秀的代运营公司，不会在接洽时就承诺销量

销量基于产品，没有产品的支持，再好的营销和运作都无法带来销量，正规的代运营公司需要一段时间的调研和磨合后才能有一定的销售预测和销售计划。有一些刚成立的代运营公司，因为没有成功案例，也没有足够的业务量来支撑企业的发展，因此在刚洽谈合作的时候承诺一年上千万的销量用以迎合品牌商急于见到效果的心理，运营一段时间后发现双方的资源不匹配，品牌方与代运营方互相指责，最后闹得不欢而散。有的还会让品牌商甚至对整个网络渠道都失去了信心。

2．优秀的代运营公司，不会不收服务费仅靠销售分成运作

优秀的代运营公司会考虑到品牌在互联网世界的品牌力，所以不只是帮助销售，同时也帮助品牌在互联网上快速形成强势品牌，收取一定的服务费降低代运营公司的运营风险，加上业绩提成提升代运营公司的利润空间，这样代运营公司才不会为了销售额越高抽成越多而疯狂促销。有些在线下并不是强势品牌、在线上也只是刚刚起步的品牌，没有客户积累、没有网上知名度，需要一段时间的积累后才能看到效果。但是在这段时间内往往需要代运营公司付出巨大的人力和时间。

世界上没有免费的午餐，品牌商在网络渠道的前景并不明朗的情况下，代运营公司付出的人力也是需要成本的，越是优秀的代运营公司，其人力成本越高，天下不会有愿意做亏本生意的公司，所以提出仅要销售分成的代运营公司，很可能只是小团队小打小闹的操作，会让企业投入时间却看不到效果，也会影响品牌商在线上的口碑。有一家传统企业主说：我不会选择收费的代运营公司，我可以以最低的价格供货给他。我说，你想过没有，

什么样的公司才会来代你运营呢？有，也是代你销售然后分成吧？他没有回答。

3．优秀的代运营公司，不会承诺能够用活动快速成功

现在有不少代运营公司号称自己与某平台的核心人员有合作关系，可以短时间多次数搞活动，能够快速带来效果。且先不谈这种模式的真实性，就算是有不断的活动可能带来好的销售业绩，但是这样对品牌本身也是一种伤害。我们都知道，中国最大的团购——淘宝聚划算都是以低价著称，再比如线下原知名的国际品牌华伦天奴，在疯狂的打折后，草草地撤出中国市场。所以活动只是借力拉销量的一种方法，但是绝对不是品牌商上线的捷径。

代运营的方式有多种，也许以后会有越来越多的方式出现，比如中国知名的男装品牌——柒牌男装的电子商务模式就是把互联网视做一个商圈，在这个商圈里尽可能多地开设店铺，所以价格方面管理得并不良性，同时基本上没有品牌的维护，本质上说就是，柒牌的电子商务并没有参与品牌建设，只是在做一个独立的销售渠道。

我们都知道电子商务的发展历程不长，所以电子商务营销模式也就层出不穷。代运营是新模式，也是电子商务生态圈里的奇葩，代运营的出现成为传统企业开展电子商务活动的助力器。不管是怎样的合作方式，代运营公司与企业都是合作关系，需要企业更多的支持，传统企业要顺应时势的变化，才能让品牌永远长青。

代运营公司的赢利模式有佣金、服务费、流水倒扣等模式，佣金比例从 10%~40%不等。不同的企业对代运营方式有着不同的要求，精准选择代运营合作伙伴，这样才能合作圆满。代运营主要有以下几种模式。

1．顾问式

一、二线品牌企业触网不缺资金，也不少人才，需要的不是执行，缺少的是对电子商务行业特性的了解，需要有对电子商务行业了解的专业人才以及辅助性战略的科学制订。顾问式的服务能为企业提供市场分析、营销思路，并培训、指导市场团队的前期工作；帮助电商企业制订明确的战略方向和市场目标，帮助企业对电商团队推行并执行绩效考核，

通过绩效推动电商团队的成长，这种方式的代运营公司只做辅导并不真正操作销售。

选择顾问式服务的企业，一般都是线下强势品牌，有实力、有品牌影响力，在线上比较容易产生效益。但千万不要以为找一个资深的互联网人才就能解决一切，电子商务比传统实体营销更要求团队作战。

2．渐进移交式

这种模式分为三个阶段，合作期较长。前期以代运营方式与代运营公司合作，由代运营公司根据企业的不同营销阶段，自主提炼阶段性营销要点，并且保证营销措施的执行落地。中期代运营公司在开展电子商务业务的同时辅助企业组建团队并对企业组建起来的部门进行管理和培养，以确保未来企业能有一个自主运营的电子商务团队，企业只需监控执行状态和结果即可。最后一个阶段由企业自建团队作为主要业务骨干展开电子商务业务，代运营公司进行技术上的辅导并享受销售分成。

渐进移交式服务为企业快速抢占互联网市场提供了技术上的支持，这种方式适合快速成长中的企业，有强大的资金实力，品牌也在快速成长，在线上只要一定的投入就有机会超越线下的成长。但要注意的是，这种模式是借鸡生蛋的模式，切不可把对方的专业人员用高薪诱惑挖到自己的公司，对代运营公司“杀鸡取卵”。

3．托管式

全权委托专业的代运营公司为企业提供电子商务运营服务，具体包括在线销售、全网营销，但不包括培训企业方的团队成员。代运营公司的收费模式各个公司大同小异，其中，对于有一定影响力的品牌也就是一线品牌，有的采取的是供货制的方式，代运营方获得相对高的利润；有的收取一定的代运营费，同时享受销售提点。对并不具有知名度的品牌，代运营公司的要求基本上是收取一定的代运营费，同时享有销售提点，这种方式可确保代运营公司的良性运用。

选择托管式服务的企业基本上是以销售为主要目标，把线下越来越大的销售压力转移到线上，这种模式适合任何一类企业，主要是看企业在发展战略中电子商务处于何种地位。但要注意，由于代运营公司是以佣金方式获利，卖得越多，佣金就越高，为了获取更大的销量，往往不得不打价格战，这样一来，选择这种模式的该类企业，在线上的品牌维护其实特别重要，不要让线下多年的积累在互联网世界毁于一旦。

4．诊断式

企业本身有一个电子商务团队，但团队执行效果不理想，业绩并不好，人员流动率非常高，团队稳定性差。选择有经验的代运营公司对团队的营销手段、工作内容、实施过程进行诊断、分析，帮助团队制订新的市场营销方案，提供营销手段建议，并在互联网技术方面给予支持，有时甚至仅仅是一次大活动的技术支持。这种模式基本上是以短期合作为主，适合有自己运营团队的成熟品牌。

图 5-9 所示为代运营标准的构成。

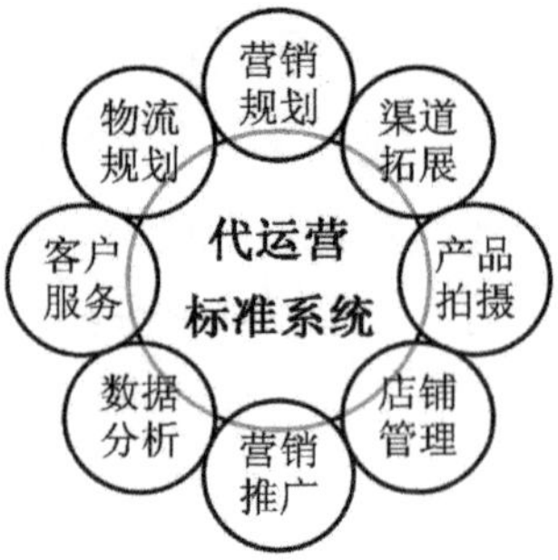

图 5-9　代运营标准系统构成

下面给出了一个代运营服务项目列表，可供参考。

代运营服务项目列表

一、网络店铺托管（不含产品研发、仓储、物流服务）

1．淘宝商城（天猫）店铺

2．淘宝集市店铺

3．QQ 商城、拍拍店铺

4．各大平台店铺

5．网络分销

6．团购业务

二、服务项目

1．客户服务：提供一周 7×16 小时客户服务，接待店铺客户咨询、成交及售后等。

2．摄影：提供专业摄影服务，对产品进行拍摄。

3．产品卖点包装：对品牌方提供的产品的特点进行卖点包装。

4．图片处理：按照网络销售的特点与要求处理图片。

5．SEO 优化：推广分析、推广图片、推广标题的提炼与优化，关键词选择与竞价，关键词监控，数据报表反馈，推广总结等提供专业深度的品质服务。

6．店铺营销策划：从店铺运营现状分析开始，全面分析店铺运营状况，制订精准的营销推广策略，并出具可执行的营销方案。

7．视觉设计：为店铺、为品牌量身打造店铺装修方案（店招、首页、内页、专题页面、产品页面等）。

8．渠道分销：开创互联网销售渠道，建设网络。

9．数据分析：专业数据分析师，全面分析店铺运营状况

图 5-10 所示为企业与代运营公司合作项目的启动流程。

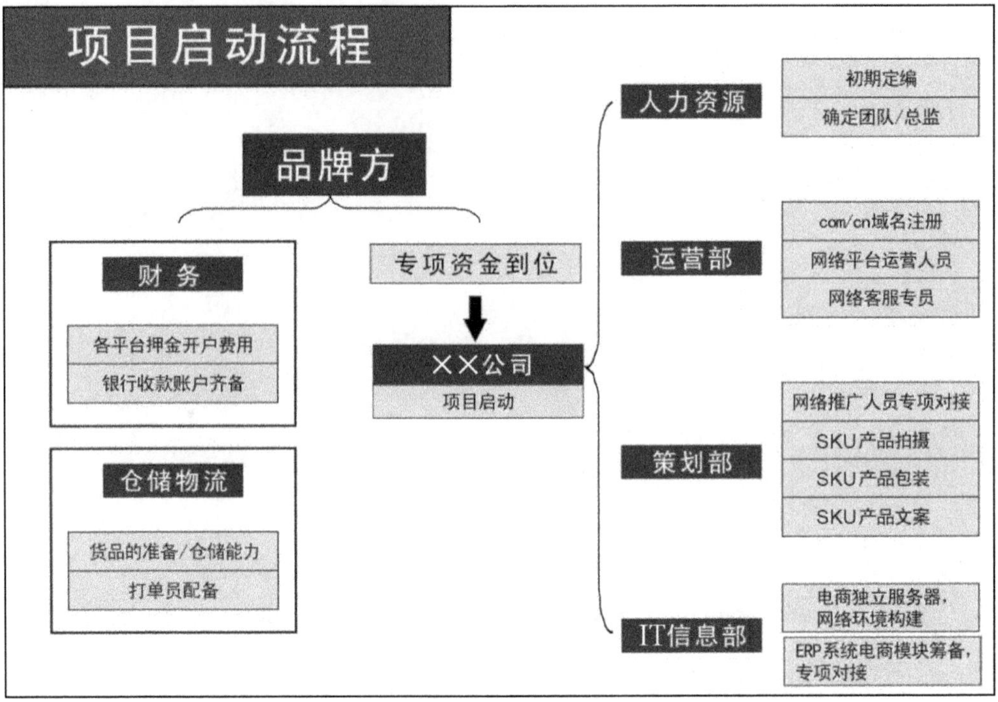

图 5-10　企业与代运营公司合作项目的启动流程

附录 A

（某集团电子商务项目部）

XX 电子商务有限公司管理手册

（试行版）

编制号：ZD-CH-2011-03　　　　发文单位：人力资源部

保密等级：　□　绝密　　■　保密　　□　一般

编制：__××__

审核：__××__

批准：__××__

执行日期：2011 年 03 月 1 日

目　　录

第一部分　电子商务项目部组织架构指引

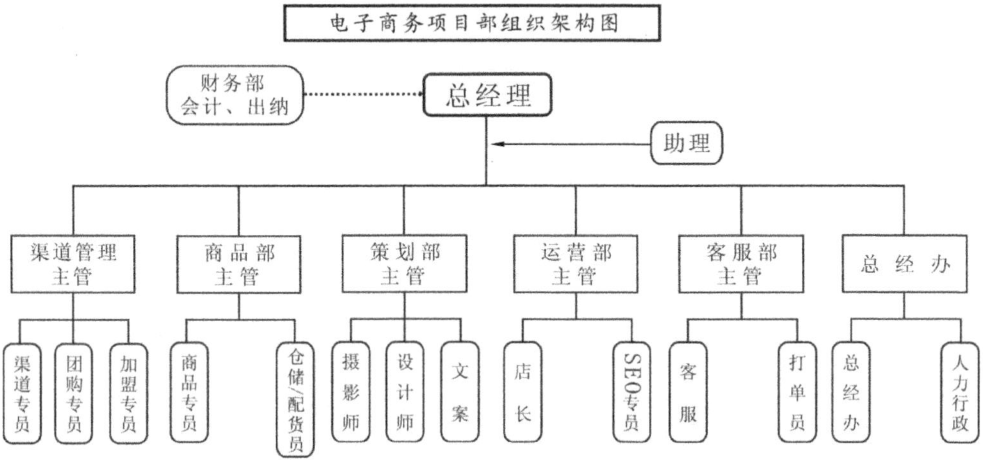

备注：

1. 财务部由总公司财务部管理，项目部并不单独设立；
2. 行政人员与XX分公司分享；
3. 仓储\物流由XX分公司统一管理，并不单独设立。

第二部分　电子商务项目部工作流程指引

本公司的电子商务业务是以商品管理为核心的业务模式，商品部对所有的商品进行价格管理、利润控制，运营部为枢纽，连接各部门的运营工作按业务流程操作。总经办是下达营销指标并对营销活动过程进行监督管理的部门，各部门是工作协作关系。

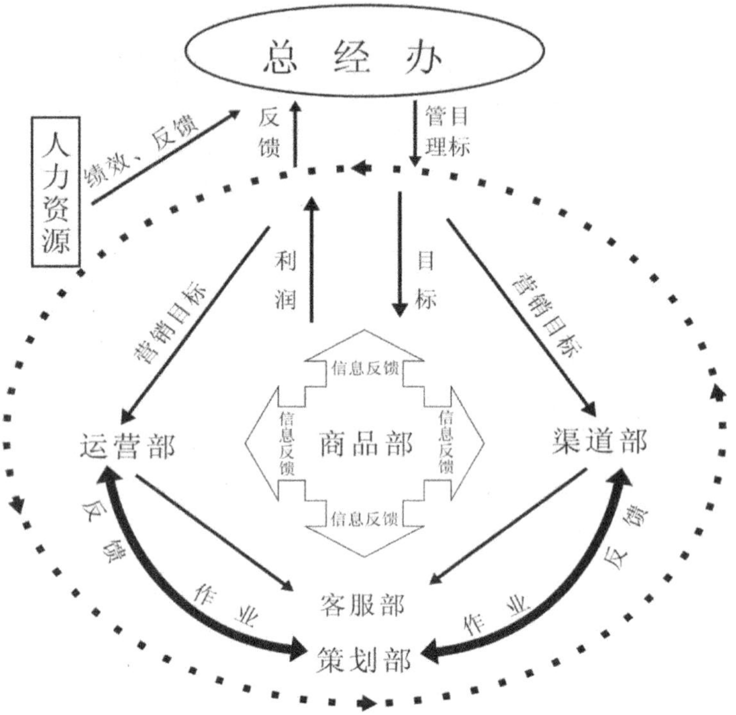

第三部分　各部门管理手册

第一章　总经办管理手册

第一节　总经办日常工作说明

周期	工作事项	责任人	接收对象	渠道	提交报表
每天	早会		总经理		
	审核各类日报表	各部门经理		邮箱	各类日报表
	公司日常事务的处理				
	各类文件的审批	总经理			
每周	每周销售报表及趋势分析（附图表）	各部门经理			
	每周单品销售情况及趋势分析（附图表）				
	每周店铺及部门问题汇总				
	每周总结与计划呈报				
	每周公司新动态汇总例会				
每月	会月例会、员工培训	总经理			
	每月销售报表及分析（附图表）	各部门经理			
	每月单品销售情况及趋势分析（附图表）				
	每月工作情况呈报与汇总分析（发现、提出问题并解决问题）				
	每月工作计划总结与下月工作计划				

第二节 总经办工作指引

一、业务审核流程

经办人 → 主管审核 → 总经理助理 → 总经理

二、文件批复流程

总经理 → 总经理助理 → 申报人

第三节 组织架构及部门在组织中的地位

一、组织架构

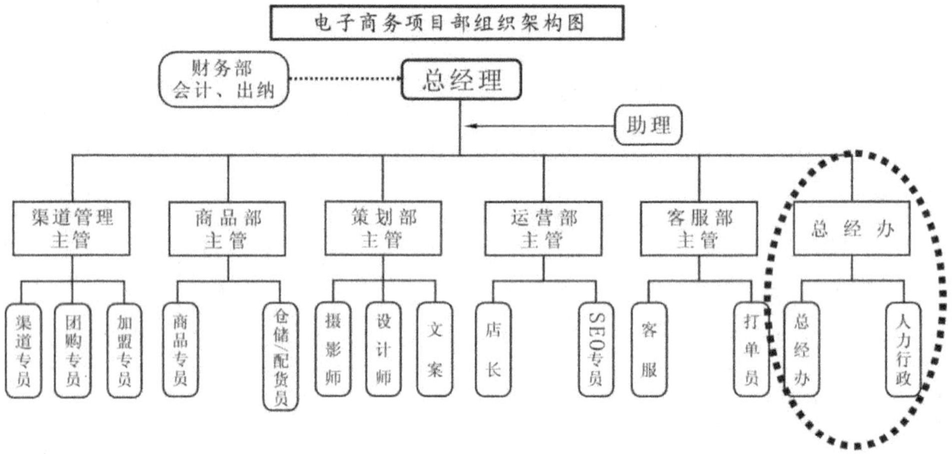

备注：
1. 总经办人员编制暂订6人，视业务发展速度适时调整编制库。

二、部门在公司中的地位

总经办为公司非业务部门，负责监督管理公司的运营业务，总经理直接向集团分管副总裁汇报。

与运营部、渠道部、商品部、策划部、客服部、人力资源部属于行政管理关系。

第四节　总经办各岗位说明书

一、总经理

<table>
<tr><td rowspan="4">基本情况</td><td>职位名称</td><td>总经理</td><td>所属部门</td><td>总经办</td><td>职位编号</td><td></td></tr>
<tr><td>职位等级</td><td>中级、资深</td><td>职位类别</td><td>高层</td><td>职位编制</td><td>1 人</td></tr>
<tr><td>直接上级</td><td>集团分管副总裁</td><td>晋升方向</td><td colspan="3">无</td></tr>
<tr><td>直接下级</td><td>部门经理</td><td>轮转职位</td><td colspan="3">调任同级部门</td></tr>
<tr><td>职位描述</td><td colspan="6">总经理是公司经营管理的领导核心，是经营管理的最高决策人，对公司董事会负责。实施公司的总体战略：组织实施集团公司的发展战略，发掘市场机会，领导创新与变革。</td></tr>
<tr><td rowspan="10">岗位职责</td><td>职责描述</td><td colspan="4">工作任务</td><td>责任</td></tr>
<tr><td rowspan="5">一、年度任务</td><td colspan="4">1. 建立良好的沟通渠道：负责与董事长保持良好沟通，领导执行、实施董事长的各项决议，对各项决议的实施过程进行监控，发现问题及时纠正，确保决议的贯彻执行。</td><td rowspan="5">全责</td></tr>
<tr><td colspan="4">2. 根据董事长下达的年度经营目标组织制订、修改、实施公司年度经营计划。</td></tr>
<tr><td colspan="4">3. 定期向董事长汇报经营战略和计划执行情况、资金运用和盈亏情况、机构和人员调配情况及其他重大事宜。</td></tr>
<tr><td colspan="4">4. 领导建立公司与客户、供应商、合作伙伴、上级主管部门、政府机构、金融机构、媒体等部门间顺畅的沟通渠道。</td></tr>
<tr><td colspan="4">5. 领导开展公司的社会公共关系活动，树立良好的企业形象，领导建立公司内部良好的沟通渠道。</td></tr>
<tr><td rowspan="3">二、日常工作</td><td colspan="4">1. 主持、推动关键管理流程和规章制度，及时进行组织和流程的优化调整，领导营造企业文化氛围、完善企业识别系统，塑造和强化公司价值观。</td><td rowspan="3">全责</td></tr>
<tr><td colspan="4">2. 组织制订人力资源政策，审批重大人事决策。</td></tr>
<tr><td colspan="4">3. 审批重大财务支出。</td></tr>
</table>

续表

<table>
<tr><td rowspan="3">职位
权限</td><td colspan="2">工作权限</td><td colspan="5">1. 有对产品开发的建议权及加单的决策权。
2. 有对新开发代理商合作关系的决策权。
3. 有对公司日常费用审批权及控制权。
4. 对促销活动产品价格有决策权。</td></tr>
<tr><td colspan="2">财务权限</td><td colspan="5">对公司的财务支出有决策权。</td></tr>
<tr><td colspan="2">人事权限</td><td colspan="5">有对本公司人员的调配、晋升和招聘及任免的决策权。</td></tr>
<tr><td rowspan="4">职位
关系</td><td rowspan="3">内部工
作关系</td><td>汇报</td><td colspan="5">向集团汇报工作。</td></tr>
<tr><td>督导</td><td colspan="5">受集团领导的督导。</td></tr>
<tr><td>协调</td><td colspan="5">受集团总经办、法务办、生产中心、财务，人力等部门的协调。</td></tr>
<tr><td colspan="2">外部工作关系</td><td colspan="5">对供应商及客户的协调。</td></tr>
<tr><td rowspan="5">任职
资格</td><td colspan="2">教育经历</td><td colspan="5">本科及以上学历。</td></tr>
<tr><td colspan="2">工作经验</td><td colspan="5">10 年以上本行业高层管理经验、3 年以上电子商务管理经验。</td></tr>
<tr><td colspan="2">知识技能</td><td colspan="5">具有较强的协调、组织能力。</td></tr>
<tr><td colspan="2">职业素养</td><td colspan="5">具有良好的职业道德，尊重公司制度。</td></tr>
<tr><td colspan="2">其他要求</td><td colspan="5">良好的团队凝聚力。</td></tr>
<tr><td rowspan="2">薪酬
标准</td><td colspan="2">计薪方式</td><td colspan="5">□年薪　□月薪　□计件　□底薪加计件　□底薪加提成　□其他</td></tr>
<tr><td colspan="2">工资等级</td><td></td><td>工资标准</td><td>按薪资制度</td><td>津贴福利</td><td>出差补贴</td></tr>
<tr><td rowspan="4">绩效
重点</td><td colspan="6">主要绩效指标、年度营运目标</td><td>绩效标准</td></tr>
<tr><td colspan="6">指导、组织公司各部门经理、主管及专员完成所制订的销售目标</td><td>60%</td></tr>
<tr><td colspan="6">公司内部管理工作</td><td>25%</td></tr>
<tr><td colspan="6">公司下级的工作处理</td><td>15%</td></tr>
<tr><td rowspan="5">其他</td><td colspan="2">工作地点</td><td colspan="5">办公室</td></tr>
<tr><td colspan="2">工作时间</td><td colspan="5">8:30～17:30</td></tr>
<tr><td colspan="2">工作性质</td><td colspan="5">全职</td></tr>
<tr><td colspan="2">使用设备</td><td colspan="5">公司提供</td></tr>
<tr><td colspan="2">劳动条件</td><td colspan="5"></td></tr>
</table>

二、总经理助理

<table>
<tr><td rowspan="4">基本情况</td><td colspan="2">职位名称</td><td>总经理助理</td><td>所属部门</td><td>总经办</td><td>职位编号</td><td></td></tr>
<tr><td colspan="2">职位等级</td><td>初级、中级、资深</td><td>职位类别</td><td>普通</td><td>职位编制</td><td>1人</td></tr>
<tr><td colspan="2">直接上级</td><td>总经理</td><td>晋升方向</td><td colspan="3">业务部门主管</td></tr>
<tr><td colspan="2">直接下级</td><td>无</td><td>轮转职位</td><td colspan="3">各部门经理助理</td></tr>
<tr><td>职位描述</td><td colspan="7">在总经理领导下负责办公室的全面工作，努力做好总经理的参谋助手，起到承上启下的作用，认真做到全方位服务。</td></tr>
<tr><td rowspan="8">岗位职责</td><td colspan="2">职责描述</td><td colspan="4">工作任务</td><td>责任</td></tr>
<tr><td colspan="2" rowspan="7">岗位职责</td><td colspan="4">1. 在总经理领导下负责企业具体管理工作的布置、实施、检查、督促、落实执行情况。</td><td rowspan="7">全责</td></tr>
<tr><td colspan="4">2. 起草、存档整理总经理签发的文件。</td></tr>
<tr><td colspan="4">3. 草拟公司管理制度、规章制度，网页设计方案书、合同书。</td></tr>
<tr><td colspan="4">4. 接听电话、妥当应答，并做好电话记录。</td></tr>
<tr><td colspan="4">5. 掌握总经理的日程安排并做好预约工作，安排商务旅行。</td></tr>
<tr><td colspan="4">6. 完成总经理或综合管理部经理交办的其他工作。</td></tr>
<tr><td colspan="4">7. 起草公司工作计划总结，并做好公司重要会议记录。</td></tr>
<tr><td rowspan="3">职位权限</td><td colspan="2">工作权限</td><td colspan="5">组织会议，上传下达，对各部门的工作有建议权。</td></tr>
<tr><td colspan="2">财务权限</td><td colspan="5">协助总经理对财务活动进行审核。</td></tr>
<tr><td colspan="2">人事权限</td><td colspan="5">无</td></tr>
<tr><td rowspan="4">职位关系</td><td rowspan="3">内部工作关系</td><td>汇报</td><td colspan="5">向总经理反馈工作情况。</td></tr>
<tr><td>督导</td><td colspan="5">督查总经理交待的每日工作事项。</td></tr>
<tr><td>协调</td><td colspan="5">协调各部门的工作。</td></tr>
<tr><td colspan="2">外部工作关系</td><td colspan="5">与其他部门协调工作。</td></tr>
<tr><td rowspan="5">任职资格</td><td colspan="2">教育经历</td><td colspan="5">大专及以上学历。</td></tr>
<tr><td colspan="2">工作经验</td><td colspan="5">1～2年助理工作经验。</td></tr>
<tr><td colspan="2">知识技能</td><td colspan="5">熟悉本行业和电子商务行业。</td></tr>
<tr><td colspan="2">职业素养</td><td colspan="5">具备敬业爱岗道德素质。</td></tr>
<tr><td colspan="2">其他要求</td><td colspan="5">良好的团队凝聚力。</td></tr>
</table>

续表

薪酬标准	计薪方式	□年薪 □月薪 □计件 □底薪加计件 □底薪加提成 □其他				
	工资等级		工资标准	按薪资制度	津贴福利	出差补贴
绩效重点	主要绩效指标					绩效标准
	总经理安排的工作完成情况					60%
	各部门协调工作					15%
	各部门日常工作跟进执行力度					25%
其他	工作地点	办公室				
	工作时间	8:30～17:30				
	工作性质	全职				
	使用设备	公司提供				
	劳动条件					

三、人力资源经理

基本情况	职位名称	人力资源经理	所属部门	总经办	职位编号	
	职位等级	中级、资深	职位类别	高层	职位编制	1
	直接上级	总经理	晋升方向	集团人力副总经理		
	直接下级	行政主管、人力资源主管	轮转职位	同级别的其他部门经理		
职位描述	主导公司各部门进行 SWOT（公司优势、劣势、威胁、机会等）分析，协助总经理拟定公司的长、中、短期人力资源计划及战略实施，协助总经理实现公司的年度经营目标及为经营计划的顺利实施提供人力资源保障。					
岗位职责	职责描述	工作任务				责任
	一、主要工作	1. 依据公司的年度经营目标及经营计划，拟定公司年度人力资源及行政后勤管理目标与年度工作规划，编制并控制部门年度财务成本预算，配合公司的“目标管理责任制”，确保人力资源规划目标及行政后勤管理目标的达成。				全责

续表

<table>
<tr><td rowspan="5">岗位职责</td><td colspan="2">一、主要工作</td><td>2．主导全公司“目标管理”绩效考核的推行，与财务部及各相关职能部门完成对各部门、各岗位、各员工的工作业绩量化考核；督导人力资源专员及时收集各部门及各岗位与“目标管理”绩效考核有关的年、季、月、周、日度报表，发现问题及时向总经理汇报。</td><td rowspan="5">全责</td></tr>
<tr><td colspan="2" rowspan="4">二、日常工作</td><td>1．根据本部门的年度人力资源及行政后勤管理目标与年度工作规划，拟定并实施部门的年度、月度、周工作计划，每月准时提交本部门的工作计划与工作总结给总经理。</td></tr>
<tr><td>2．建立并实施培训系统及编制、实施年度培训计划，进行外部培训机构及培训课程的评定与选择，帮助员工建立职业生涯规划。</td></tr>
<tr><td>3．建立规范化的招聘系统，并实施各类管理、技术人员的招聘工作。</td></tr>
<tr><td>4．负责组织公司管理标准、规章制度的拟定、修改和编写工作，主导专用管理标准及管理制度的拟定、讨论、修改工作，呈报审批并监督实施。</td></tr>
<tr><td rowspan="3">职位权限</td><td colspan="2">工作权限</td><td colspan="2">对公司各级员工的招聘上岗有建议权。</td></tr>
<tr><td colspan="2">财务权限</td><td colspan="2">协助财务部门跟进各部门报账。</td></tr>
<tr><td colspan="2">人事权限</td><td colspan="2">岗位晋升，部门申调的申请权。</td></tr>
<tr><td rowspan="3">职位关系</td><td rowspan="2">内部工作关系</td><td>汇报</td><td colspan="2">向总经理汇报。</td></tr>
<tr><td>协调</td><td colspan="2">协调各部门开展日常工作。</td></tr>
<tr><td colspan="2">外部工作关系</td><td colspan="2">协调公司与外部猎头公司的关系。</td></tr>
<tr><td rowspan="5">任职资格</td><td colspan="2">教育经历</td><td colspan="2">大专及以上学历。</td></tr>
<tr><td colspan="2">工作经验</td><td colspan="2">3年以上人力资源专业经验。</td></tr>
<tr><td colspan="2">知识技能</td><td colspan="2">人力资源专业知识、企业管理知识。</td></tr>
<tr><td colspan="2">职业素养</td><td colspan="2">敏感，有较强的人际关系处理能力。</td></tr>
<tr><td colspan="2">其他要求</td><td colspan="2">有较强的新环境适应能力。</td></tr>
</table>

续表

薪酬标准	计薪方式	□年薪 □月薪 □计件 □底薪加计件 □底薪加提成 □其他				
	工资等级		工资标准	按薪资制度	津贴福利	出差补贴
绩效重点	主要绩效指标					绩效标准
	各部门人员需求完成情况					30%
	日常工作执行力度					25%
	各部门人员绩效考核					45%
其他	工作地点	办公室				
	工作时间	8:30～17:30				
	工作性质	全职				
	使用设备	公司提供				
	劳动条件					

四、行政主管

基本情况	职位名称	行政主管	所属部门	总经办	职位编号	
	职位等级	初级、中级、资深	职位类别	中层	职位编制	1 人
	直接上级	人力资源经理	晋升方向	人力资源主管		
	直接下级	行政专员	轮转职位	无		
职位描述	规划、指导、协调公司行政服务等各项工作，组织管理下属人员完成本职工作。有对公司行政后勤、总务、安全等工作的指导、协调、监督、管理的权力。					
岗位职责	职责描述	工作任务				责任
	一、年度工作	1．组织制订行政部工作发展规划、计划与预算方案。 2．组织、协调公司年会、员工活动、市场类活动及各类会议，负责外联工作及办理公司所需各项证照。 3．公司固定资产的管理。				全责

续表

岗位职责	二、日常工作		1．主持部门内部的工作。 2．搜集、整理公司内部信息，及时组织编写公司大事记。 3．组织好来客接待和相关的外联工作。 4．公司固定资产和办公用品的采购与管理。			全责
职位权限	工作权限		1．有对开发新办公用品供应商合作关系的建议权。 2．有对公司财产安全的保护权。			
	财务权限		协助财务对采购用品询价。			
	人事权限		岗位晋升，部门申调的申请权。			
职位关系	内部工作关系	汇报	向人力资源经理汇报工作。			
		协调	协调公司各部门开展日常工作。			
	外部工作关系		协调公司财务部与供应商的结算校对工作。			
任职资格	教育经历		大专及以上学历。			
	工作经验		二年以上行政工作经验。			
	知识技能		熟练使用办公软件、办公自动化设备。			
	职业素养		有很强的人际沟通、协调、组织能力以及高度的团队精神，责任心强。			
	其他要求		优秀的外联与公关能力，具备解决突发事件的能力。			
薪酬标准	计薪方式		□年薪　□月薪　□计件　□底薪加计件　□底薪加提成　□其他			
	工资等级			工资标准	按薪资制度	津贴福利	出差补贴
绩效重点	主要绩效指标					绩效标准
	办公室办公用品的采购价格控制及管理					50%
	日常工作执行力度					15%
	公司日常后勤保障工作及安全保障					35%
其他	工作地点		办公室			
	工作时间		8:30～17:30			
	工作性质		全职			
	使用设备		公司提供			
	劳动条件					

第五节　总经办绩效考核体系

一、管理评核目的

1. 制订统一、规范的员工工作标准和行为准则，给予各部门同事清晰、明确的工作指引，使公司的管理更为标准化和规范化。

2. 及时、有效地检讨管理工作中的不足，便于管理人员和培训管理人员制订调整方案、培训的目标和培训规划。

3. 公平、公开、公正地实施对部门员工的工作评核，有机结合公司的晋升系统为同事提供职业发展的空间和平台。

二、管理评核系统内容

人员定期评核，有效提升同事的表现力和工作执行力，同时，结合公司的晋升考评系统（评核、考核、跟进、晋升），为同事创造更好的个人发展规划，为公司的发展储备人才。

三、薪资、抽成和晋升评核表

1. 总经办各相应岗位薪资制度（单位：元）

岗位	级别	薪资总额	底薪	岗位津贴	KPI	晋升制度
总经理	A	20000	15000	5000	见公司绩效考核指标	按公司的薪资管理规定中的晋升制度执行
	B	18000	13000	5000		
	C	15000	10000	5000		
经理	A	5000	3500	1500		
	B	4000	2500	1500		
	C	3500	2000	1500		
主管（主管级员工）	A	3000	2500	500		
	B	2500	2000	500		
	C	2000	1500	500		

2．KPI 考核指标

考核周期	评核分值			
	X＜50	50≤X＜75	75≤X＜95	≥95
季度	罚 300	无	奖 300	奖 500
半年度	降一级	无	奖 300	晋一级
全年度	转岗或请辞	无	晋一级	晋两级或转岗

注：X 为指标基数。

3．总体 KPI 晋升考核指标

季度/半年/年持续完成 KPI			
目标完成率	50%	75%	100%
季度	-300	300	500
半年度	-500	-300	500
全年度	转岗或请辞	1000	晋一级或转岗

第二章　运营部管理手册

第一节　运营部日常工作说明

周期	工作事项	责任人	接收对象	渠道	提交报表
每天	每日提交销售分析表	店长	经理	邮箱	《每日销售分析表》
	每日活动报名申请与呈报				《每日活动报名呈报》

续表

周期	工作事项	责任人	接收对象	渠道	提交报表
每天	每日店铺问题汇总	店长	经理	邮箱	《每日问题汇总表》
	每日主推活动汇总及效果评估				部门分享
	店铺日常基本维护（单品活动组织与页面校对/专场组织与页面校对/上线活动运营与通知/价格修改）	店长与助理			
	数据分析与诊断（每日热销数据分析、总店数据分析、类目对比分析、转化问题分析）	店长		邮箱	《数据分析与诊断》
	资源开发与公关（各频道的活动资源洽谈与关注并根据规则对店铺产品进行调整与销售以进入各频道进行活动）				
	协调客服及时安排发货及退换货	店长与助理			
	每日各平台 SNS 关系维护（动态报道、促销活动报道、客户互动）	助理			
	SNS 平台数据分析			邮箱	《SNS 数据分析表》
	店铺新品上线及广告产品价格修改				
	会员招募工作以及 SNS 平台促销活动的组织与申请			邮箱	《活动申请表》

续表

周期	工作事项	责任人	接收对象	渠道	提交报表
每天	配合店长协调各部门沟通以及通知工作	助理	经理		
	部门问题汇总	店长		邮箱	《问题汇总与解决》
	资源开发与推广方案策划（针对各平台）	店长与助理			《方案需求呈报》
	协助客服部处理客户问题、及时解决店铺的售后问题				
每周	部门周会	部门内部成员			
	每周销售报表及趋势分析（附图表）			邮箱	
	每周单品销售情况及趋势分析（附图表）				
	每周店铺及部门问题汇总				
	每周总结与计划呈报				
	每周新动态汇总例会				
每月	月会				
	每月销售报表及分析（附图表）			邮箱	
	每月单品销售情况及趋势分析（附图表）				
	每月工作情况呈报与汇总分析（发现、提出问题并解决问题）				
	每月工作计划总结与下月工作计划				

第二节　运营部工作指引

一、部门内部管理呈报流程

二、活动申报流程

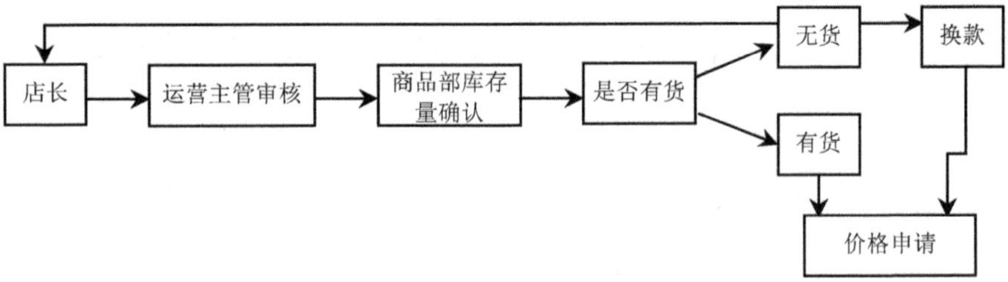

三、业务活动呈报流程

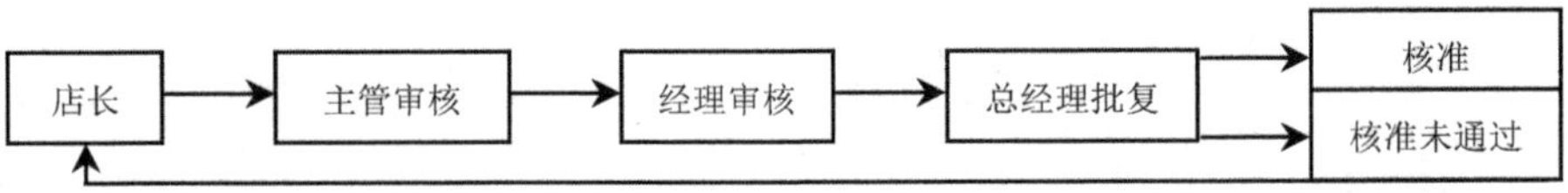

四、费用申请

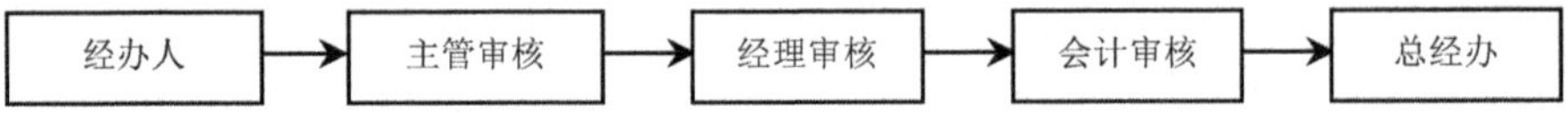

五、行政呈报流程

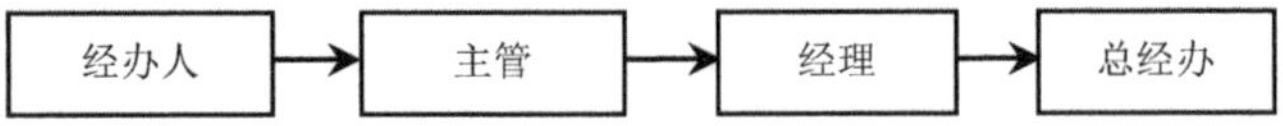

第三节　运营部组织架构及部门在组织中的地位

一、组织架构

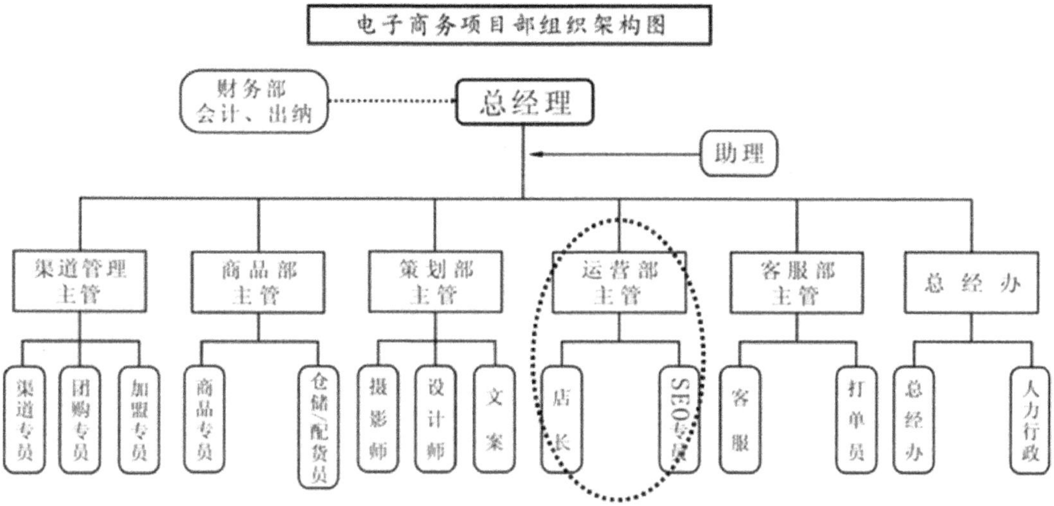

备注：运营部人员编制暂设 6 人，视公司业务发展速度适时调整编制。

二、部门在公司中的地位

运营部属于公司独立的工作部门，负责电子商务的运营业务，运营部经理直接向总经理负责。

与渠道部、商品部、策划部、客服部、人力资源部具有工作协作关系。

第四节　运营部各岗位说明书

一、运营经理岗位职责说明书

<table>
<tr><td rowspan="4">基本情况</td><td>职位名称</td><td>运营经理</td><td>所属部门</td><td>运营部</td><td>职位编号</td><td></td></tr>
<tr><td>职位等级</td><td>初级、中级、资深</td><td>职位类别</td><td>普通</td><td>职位编制</td><td>1 人</td></tr>
<tr><td>直接上级</td><td>总经理</td><td>晋升方向</td><td colspan="3">晋升部门总监</td></tr>
<tr><td>直接下级</td><td>运营主管、店长、SEO 专员</td><td>轮转职位</td><td colspan="3">市场经理、渠道经理</td></tr>
<tr><td>职位描述</td><td colspan="6">组建运营团队，负责第三方平台运营管理工作，完成相应销售指标、制订相关网络营销方案实现预期销售目标；对整个第三方平台相关运营工作进行流程建立、监督、执行；管理考核运营团队，完成绩效目标。</td></tr>
<tr><td rowspan="6">岗位职责</td><td>职责描述</td><td colspan="4">工作任务</td><td>责任</td></tr>
<tr><td>一、团队组建</td><td colspan="4">第三方各平台（店铺）项目团队的组建，包括平台创建、岗位分配、职责划分、人员培训指导。</td><td rowspan="5">全责</td></tr>
<tr><td>二、部门管理及工作指导</td><td colspan="4">1．通过主管（店长）队伍对各第三方平台（店铺）进行扶持，提升平台店铺管理水平。
2．规范运营部管理岗位职责，提升人员管理水平。
3．带领运营团队，完成并根据预算分配各项运营指标。</td></tr>
<tr><td>三、制订目标</td><td colspan="4">1．制订第三方所有运营平台的月度、季度、年度相关网络营销方向及预期销售目标。
2．负责部门各项成本费用预算与控制，进行产出投入预算，各种报销单据的上报和审批。</td></tr>
<tr><td>四、数据分析</td><td colspan="4">对第三方运营平台的流量、转化率、销售额等各项数据进行分析汇总，分析市场动态，做好相关运营工作计划安排，向上级汇报相应数据并给出建议。</td></tr>
<tr><td>五、部门对接</td><td colspan="4">部门对外合作渠道的对接、协调、决策，负责第三方平台对外形象和公关工作与对上级进行工作汇报。</td></tr>
</table>

续表

<table>
<tr><td>岗位职责</td><td colspan="2">六、考核工作</td><td colspan="4">考核第三方运营团队岗位，完成绩效目标，完成上级交代的各项任务。</td><td>全责</td></tr>
<tr><td rowspan="3">职位权限</td><td colspan="2">工作权限</td><td colspan="5">1. 有对产品开发的建议权及加单的建议权。
2. 有对客服部、策划部工作对接的建议权和主导权。
3. 有对运营部日常费用的审批权及控制权。
4. 有对各平台（店铺）运营方案、工作安排的主导权。
5. 有对产品分配的建议权。</td></tr>
<tr><td colspan="2">财务权限</td><td colspan="5">有对各第三方平台促销方案的主导权及相关采购的建议提交权。</td></tr>
<tr><td colspan="2">人事权限</td><td colspan="5">有对本部门人员录用、调岗、考核、晋升的建议权。</td></tr>
<tr><td rowspan="4">职位关系</td><td rowspan="3">内部工作关系</td><td>汇报</td><td colspan="5">向电商总经理汇报工作。</td></tr>
<tr><td>督导</td><td colspan="5">受分公司领导及总公司领导的督导。</td></tr>
<tr><td>协调</td><td colspan="5">协调与商品部、策划部、渠道部、客服部、人力资源部、财务部的关系。</td></tr>
<tr><td colspan="2">外部工作关系</td><td colspan="5">平台关系维护、公关关系维护。</td></tr>
<tr><td rowspan="5">任职资格</td><td colspan="2">教育经历</td><td colspan="5">大专及以上学历。</td></tr>
<tr><td colspan="2">工作经验</td><td colspan="5">3 年以上电子商务运营管理经验。</td></tr>
<tr><td colspan="2">知识技能</td><td colspan="5">管理、策划、运营、数据分析。</td></tr>
<tr><td colspan="2">职业素养</td><td colspan="5">具有良好的职业道德，尊重公司制度。</td></tr>
<tr><td colspan="2">其他要求</td><td colspan="5">良好的团队凝聚力和执行力。</td></tr>
<tr><td rowspan="2">薪酬标准</td><td colspan="2">计薪方式</td><td colspan="5">□年薪　□月薪　□计件　□底薪加计件　□底薪加提成　□其他</td></tr>
<tr><td colspan="2">工资等级</td><td></td><td>工资标准</td><td>按薪资制度</td><td>津贴福利</td><td>出差补贴</td></tr>
<tr><td rowspan="4">绩效重点</td><td colspan="6">主要绩效指标</td><td>绩效标准</td></tr>
<tr><td colspan="6">指导、组织各分部门主管完成所制订的销售目标。</td><td>50%</td></tr>
<tr><td colspan="6">对各平台（店铺）管理工作完善。</td><td>25%</td></tr>
<tr><td colspan="6">公司上下级的工作处理，对外工作的协调完成度。</td><td>25%</td></tr>
</table>

续表

其他	工作地点	办公室
	工作时间	8:30～17:30
	工作性质	全职
	使用设备	电脑
	劳动条件	

二、店长岗位职责说明书

基本情况	职位名称	运营店长	所属部门	运营部	职位编号	
	职位等级	初级、中级、资深	职位类别	普通	职位编制	1人
	直接上级	运营经理	晋升方向	运营主管		
	直接下级	店长助理	轮转职位	渠道专员		
职位描述	负责店铺日常运营工作，完成单店月度、季度、年度销售指标，做好活动策划、店铺基础维护推广工作安排，完成上级交代的各项任务。					
岗位职责	职责描述	工作任务				责任
	基本维护	店铺装修、产品上传、产品更新、维护基础销售，店铺 SNS 开发及运营，二次关系营销，品牌及价格维护。				全责
	推广优化	活动报名、上报并组织活动货品、推广执行、店铺转化执行，营销方案推广（优惠券、会员制度等）。				
	总结计划	制订每日、每月和季度费用预算及销售报表等工作呈报。				
	通知协商	每日、每周、每月提交销售数据给总经办，关于商品及策划工作的部门沟通协调及会议进程。				
	活动策划	定期安排活动，策划并组织相关方案。				
	合作执行	对外争取资源与执行合作。				

续表

<table>
<tr><td rowspan="3">职位权限</td><td colspan="2">工作权限</td><td colspan="5">相应平台运营主导权。</td></tr>
<tr><td colspan="2">财务权限</td><td colspan="5">平台（店铺）预算申请。</td></tr>
<tr><td colspan="2">人事权限</td><td colspan="5">店长（运营）助理、储备干部录用建议权。</td></tr>
<tr><td rowspan="4">职位关系</td><td rowspan="3">内部工作关系</td><td>汇报</td><td colspan="5">向总监办、运营经理汇报日常工作情况。</td></tr>
<tr><td>督导</td><td colspan="5">受运营部经理督导。</td></tr>
<tr><td>协调</td><td colspan="5">协调与客服部、商品部的关系。</td></tr>
<tr><td colspan="2">外部工作关系</td><td colspan="5">负责外部资源争取、公关、店铺（平台）对外联系。</td></tr>
<tr><td rowspan="5">任职资格</td><td colspan="2">教育经历</td><td colspan="5">大专及以上学历。</td></tr>
<tr><td colspan="2">工作经验</td><td colspan="5">两年以上电子商务运营工作经验。</td></tr>
<tr><td colspan="2">知识技能</td><td colspan="5">计算机实际操作经验、熟悉网络、Photoshop。</td></tr>
<tr><td colspan="2">职业素养</td><td colspan="5">具有良好的职业道德，尊重公司制度。</td></tr>
<tr><td colspan="2">其他要求</td><td colspan="5">良好的团队凝聚力和执行力。</td></tr>
<tr><td rowspan="2">薪酬标准</td><td colspan="2">计薪方式</td><td colspan="5">□年薪　□月薪　□计件　□底薪加计件　□底薪加提成　□其他</td></tr>
<tr><td colspan="2">工资等级</td><td></td><td>工资标准</td><td>按薪资制度</td><td>津贴福利</td><td>出差补贴</td></tr>
<tr><td rowspan="4">绩效重点</td><td colspan="6">主要绩效指标</td><td>绩效标准</td></tr>
<tr><td colspan="6">销售指标完成度</td><td>50%</td></tr>
<tr><td colspan="6">销售金额增长率与利润率</td><td>25%</td></tr>
<tr><td colspan="6">公司上下级的工作处理，对外工作的协调完成度</td><td>25%</td></tr>
<tr><td rowspan="5">其他</td><td colspan="2">工作地点</td><td colspan="5">办公室</td></tr>
<tr><td colspan="2">工作时间</td><td colspan="5">8:30～17:30</td></tr>
<tr><td colspan="2">工作性质</td><td colspan="5">脑力</td></tr>
<tr><td colspan="2">使用设备</td><td colspan="5">电脑</td></tr>
<tr><td colspan="2">劳动条件</td><td colspan="5"></td></tr>
</table>

三、SEO专员岗位说明书

<table>
<tr><td rowspan="4">基本情况</td><td>职位名称</td><td>SEO 专员</td><td>所属部门</td><td>运营部</td><td>职位编号</td><td></td></tr>
<tr><td>职位等级</td><td>初级、中级、资深</td><td>职位类别</td><td>普通</td><td>职位编制</td><td>2 人</td></tr>
<tr><td>直接上级</td><td>运营经理</td><td>晋升方向</td><td colspan="3">运营主管</td></tr>
<tr><td>直接下级</td><td>店长助理</td><td>轮转职位</td><td colspan="3">运营店长</td></tr>
<tr><td>职位描述</td><td colspan="6">负责店铺日常运营工作，完成单店月度、季度、年度销售指标，做好活动策划、店铺基础维护推广工作安排，完成上级交代的各项任务。</td></tr>
<tr><td rowspan="6">岗位职责</td><td>职责描述</td><td colspan="4">工作任务</td><td>责任</td></tr>
<tr><td>基本维护</td><td colspan="4">品牌维护，店铺 SNS 开发及运营，二次关系营销。</td><td rowspan="5">全责</td></tr>
<tr><td>推广优化</td><td colspan="4">负责关键词分析，关键字优化，网站优化，努力提高关键词的排名，然后每周统计相关关键词在各搜索引擎的排名变化，并及时发现规律，做出相应的调整方案。</td></tr>
<tr><td>总结计划</td><td colspan="4">制订每日、每月和季度费用预算及销售报表等工作呈报。</td></tr>
<tr><td>通知协商</td><td colspan="4">每日、每周、每月提交推广报表给总经办。</td></tr>
<tr><td>合作执行</td><td colspan="4">对外争取资源与执行合作。</td></tr>
<tr><td rowspan="3">职位权限</td><td>工作权限</td><td colspan="5">有相应平台运营主导权。</td></tr>
<tr><td>财务权限</td><td colspan="5">有平台预算申请权。</td></tr>
<tr><td>人事权限</td><td colspan="5">有店长（运营）助理、储干录用建议权。</td></tr>
<tr><td rowspan="4">职位关系</td><td rowspan="3">内部工作关系</td><td>汇报</td><td colspan="4">向总监办、运营经理汇报。</td></tr>
<tr><td>督导</td><td colspan="4">受运营经理直接管理。</td></tr>
<tr><td>协调</td><td colspan="4">与客服部、商品部保持良好沟通。</td></tr>
<tr><td colspan="2">外部工作关系</td><td colspan="4">争取外部推广资源、公关、负责店铺（平台）对外联系。</td></tr>
<tr><td rowspan="3">任职资格</td><td>教育经历</td><td colspan="5">大专及以上学历。</td></tr>
<tr><td>工作经验</td><td colspan="5">1 年以上电子商务运营平台工作经验。</td></tr>
<tr><td>知识技能</td><td colspan="5">具有计算机实际操作经验、熟悉网络业态、文字功底好。</td></tr>
</table>

续表

<table>
<tr><td rowspan="2"></td><td>职业素养</td><td colspan="5">具有良好的职业道德，尊重公司制度。</td></tr>
<tr><td>其他要求</td><td colspan="5">良好的团队凝聚力和执行力。</td></tr>
<tr><td rowspan="2">薪酬标准</td><td>计薪方式</td><td colspan="5">□年薪　□月薪　□计件　□底薪加计件　□底薪加提成　□其他</td></tr>
<tr><td>工资等级</td><td></td><td>工资标准</td><td>按薪资制度</td><td>津贴福利</td><td>出差补贴</td></tr>
<tr><td rowspan="4">绩效重点</td><td colspan="5">主要绩效指标</td><td>绩效标准</td></tr>
<tr><td colspan="5">推广指标完成度</td><td>50%</td></tr>
<tr><td colspan="5">销售金额增长率与利润率</td><td>25%</td></tr>
<tr><td colspan="5">公司上下级的工作处理，对外工作的协调完成度</td><td>25%</td></tr>
<tr><td rowspan="5">其他</td><td>工作地点</td><td colspan="5">办公室</td></tr>
<tr><td>工作时间</td><td colspan="5">8:30～17:30</td></tr>
<tr><td>工作性质</td><td colspan="5">脑力</td></tr>
<tr><td>使用设备</td><td colspan="5">电脑</td></tr>
<tr><td>劳动条件</td><td colspan="5"></td></tr>
</table>

第五节　运营部绩效考核体系

一、管理评核目的

1. 制订统一、规范的员工工作标准和行为准则，给予运营部门同事清晰、明确的工作指引，使平台管理更为标准化和规范化。

2. 及时、有效检讨运营管理工作中的不足，便于管理人员和培训管理人员制订调整方案、培训目标和培训规划。

3. 公平、公开、公正地实施对部门员工的工作评核，有机结合公司的晋升系统，为同事提供职业发展的空间和平台。

二、管理评核系统内容

人员定期评核，有效提升同事的表现力和工作执行力，同时，结合公司的晋升考评系统（评核、考核、跟进、晋升），可为同事创造更好的个人发展规划，为公司的发展储备人才。

三、薪资、抽成和晋升评核表

1．运营部各相应岗位薪资制度（单位：元）

岗位	级别	薪资总额	底薪	岗位津贴	KPI	晋升制度
经理	A	8000	5000	3000	按公司绩效考核标准	按公司薪资管理规定中的晋升制度执行。
	B	6000	3500	2500		
	C	5000	2500	2500		
主管（主管级员工：包括店长）	A	3500	2500	1000		
	B	3200	2200	1000		
	C	3000	2000	1000		
助理	A	2500	2000	500		
	B	2200	1700	500		
	C	2000	1500	500		

2．抽成及KPI考核指标

职位	价格：元			KPI		
	150以下	150～300	300以上	120%	150%	200%
运营经理	订单数×0.2			无		
店长	0.3	0.7	1	500	800	1500
店助	0.15	0.35	0.5	600	900	1700
专员	0.15	0.35	0.5	800	1000	2000

3. 总体KPI晋升考核指标

季度/半年/年持续完成KPI			
考核时间	50%	75%	100%
季度	-300	300	500
半年度	降一级	晋一级	晋两级
全年度	转岗或请辞	500	晋一级或转岗

第三章　策划部管理手册

第一节　部门日常工作事项说明

周期	工作事项	规定时间	提交对象	接收对象	渠道	提交报表
每天	提交日工作计划	8:30	策划人员	策划主管	邮箱	《策划部日计划报表》
	收集相关素材	8:30～9:30				
	与部门主管对接工作事宜并执行	9:30				
	提交当天工作总结（说明完成进度情况）	17:30			邮箱	《日总结报表》
每周	公司周例会	周一 9:00	策划经理			
	部门周例会	周一 10:00				
	提交周总结/周计划	周六 17:00	策划人员	策划主管	邮箱	《周总结/周计划》
	提交周总结/周计划	周六 17:30	策划主管	策划经理		《周总结/周计划》
每月	部门人员工作问题收集汇总	每月3日	策划经理			上月出现问题的汇总并提出解决方案

续表

周期	工作事项	规定时间	提交对象	接收对象	渠道	提交报表
每月	月度各平台店铺转化数据对比分析	每月 5 日	策划主管	策划经理	邮箱	针对各平台特性优化店铺
	月度工作总结及下月计划	每月 25 日	策划人员	策划主管		《月总结/月计划》
	月度工作总结及下月计划	每月 25 日	策划主管	策划经理		《月总结/月计划》
	月度工作总结及下月计划	每月 25 日	策划经理	总经理/总监		《月总结/月计划》
	下月预算申请表	每月 25 日				《预算申请表》
	外包费用结算跟进	每月 25 日	策划主管	策划经理		《外包费用结算反馈表》
	外包费用结算跟进	每月 25 日	策划经理	总经理/总监		《外包费用结算反馈表》

第二节　策划部工作指引

一、部门内部管理呈报流程

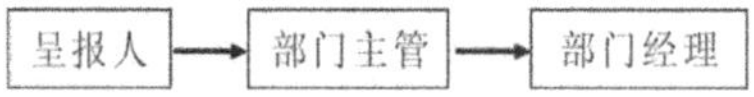

二、业务活动呈报流程

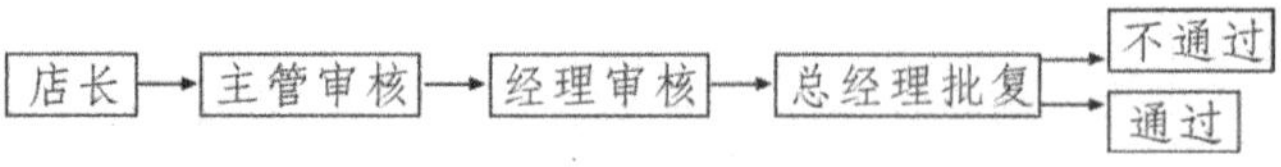

三、费用申请流程

经办人 → 主管审核 → 经理审核 → 会计审核 → 总经办

四、行政呈报流程

经办人 → 主管 → 经理 → 总经办

第三节　策划部组织构架及部门在组织中的地位

一、组织架构

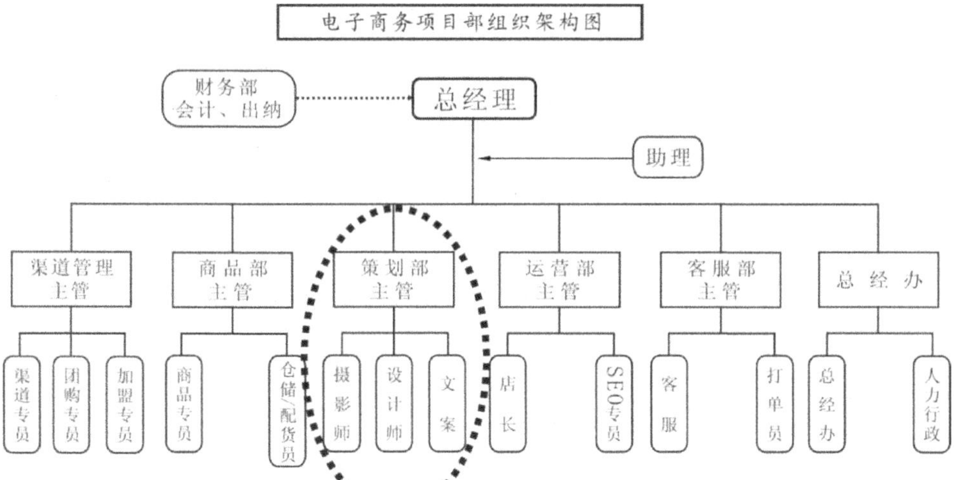

备注：
1.策划部人员编制暂订6人，视业务发展速度适时调整编制。
2.打单员办公地点设在仓库。

二、部门在公司中的地位

策划部属于公司独立的工作部门，负责电子商务的平面设计、活动策划等业务，策划部经理直接向总经理负责。

与渠道部、商品部、运营部、客服部、人力资源部属于协作关系。

第四节　策划部各岗位说明书

一、策划部经理

<table>
<tr><td rowspan="4">基本情况</td><td>职位名称</td><td>策划部经理</td><td>所属部门</td><td>策划部</td><td>职位编号</td><td></td></tr>
<tr><td>职位等级</td><td>初级、中级、资深</td><td>职位类别</td><td>中层</td><td>职位编制</td><td>1 人</td></tr>
<tr><td>直接上级</td><td>总经理</td><td>晋升方向</td><td colspan="3">副总经理</td></tr>
<tr><td>直接下级</td><td>部门主管</td><td>轮转职位</td><td colspan="3">其他同级岗位</td></tr>
<tr><td>职位描述</td><td colspan="6">完成公司线上线下的 VI、促销、视觉、品牌体系的建设与维护并规划产品线的前沿趋势，带领策划部团队，完成各项任务指标。</td></tr>
<tr><td rowspan="3">岗位职责</td><td>职责描述</td><td colspan="4">工作任务</td><td>责任</td></tr>
<tr><td>一、年度任务</td><td colspan="4">1. 执行并落实策划部所分配的设计、策划、拍摄目标跟踪，根据完成进度采取措施。
2. 配合完成各部门的活动方案、策划案。
3. 根据公司发展和战略规划，协助直属上级制订年度的各项指标及量化各岗位任务目标。
4. 制订全年本部门费用预算，完成公司下达的策划任务。</td><td rowspan="2">全责</td></tr>
<tr><td>二、人员培训</td><td colspan="4">1. 对平面设计、文案、摄影自身功底（品牌度、视觉、促销感）做合理的实践训练。
2. 负责部门人员的培训、上岗、考核以及评估调配。</td></tr>
</table>

续表

<table>
<tr><td rowspan="2">岗位职责</td><td colspan="2">三、日常工作</td><td colspan="4">1. 针对活动方案与各相关部门进行沟通与协调。
2. 对部门人、事务方面的问题发现及解决。
3. 监督工作的执行与完成。
4. 日常相关素材收集（每天 1 小时），有针对性地去了解外部的策划意识。</td><td>全责</td></tr>
<tr><td colspan="2">四、会议跟进</td><td colspan="4">1. 配合公司总经理日常工作内容跟进，每周、每月定期召开例会。
2. 服从分公司经理的日常工作安排并切实执行，完成日常工作事务。
3. 建立公司网络的详细档案资料和相关数据。</td><td>全责</td></tr>
<tr><td rowspan="3">职位权限</td><td colspan="2">工作权限</td><td colspan="5">1. 有对部门各项工作指标及营运工作的评估与审批权。
2. 有对本部门日常费用的审批权及控制权。
3. 有对产品开发的建议权。
4. 有对前景规划的建议权。</td></tr>
<tr><td colspan="2">财务权限</td><td colspan="5">监督部门财产安全。</td></tr>
<tr><td colspan="2">人事权限</td><td colspan="5">有对本部门人员的调配、晋升和招聘及任免权。</td></tr>
<tr><td rowspan="4">职位关系</td><td rowspan="3">内部工作关系</td><td>汇报</td><td colspan="5">向分公司总经理/项目总监汇报工作。</td></tr>
<tr><td>督导</td><td colspan="5">受分公司总经理及总公司领导的督导。</td></tr>
<tr><td>协调</td><td colspan="5">与 IT 部、财务部、行政部、总经办、商品部、人力等部门进行协调。</td></tr>
<tr><td colspan="2">外部工作关系</td><td colspan="5">外包摄影与设计协调、前沿技术交流与应用。</td></tr>
<tr><td rowspan="5">任职资格</td><td colspan="2">教育经历</td><td colspan="5">大专及以上学历。</td></tr>
<tr><td colspan="2">工作经验</td><td colspan="5">3 年以上设计与管理经验。</td></tr>
<tr><td colspan="2">知识技能</td><td colspan="5">具有较强的设计能力，精通 DIV+CSS 代码编辑，良好的管理能力。</td></tr>
<tr><td colspan="2">职业素养</td><td colspan="5">具有良好的职业道德，尊重公司制度。</td></tr>
<tr><td colspan="2">其他要求</td><td colspan="5">良好的团队凝聚力。</td></tr>
<tr><td rowspan="2">薪酬标准</td><td colspan="2">计薪方式</td><td colspan="5">□年薪　□月薪　□计件　□底薪加计件　□底薪加提成　□其他</td></tr>
<tr><td colspan="2">工资等级</td><td></td><td>工资标准</td><td>按薪资制度</td><td>津贴福利</td><td>出差补贴</td></tr>
</table>

续表

绩效重点	主要绩效指标		绩效标准
	针对相关活动进行设计、摄影、文案策划的完成进度及质量指标		50%
	公司内部衔接工作		25%
	公司上下级的工作处理		25%
其他	工作地点	办公室	
	工作时间	按公司制度	
	工作性质	全职	
	使用设备	公司提供	
	劳动条件		

二、策划主管

基本情况	职位名称	策划主管	所属部门	策划部	职位编号	
	职位等级	初级、中级、资深	职位类别	普通	职位编制	1人
	直接上级	策划经理	晋升方向	策划经理		
	直接下级	平面、摄影、文案	轮转职位	运营主管		
职位描述	协助部门完成年度任务指标，并根据发展提高部门各项管理水平、体系建设与人事管理工作。					

岗位职责	职责描述	工作任务	责任
	一、部门管理	1．执行任务调配管理，并对其进行规范指导、监督。 2．维护所有设计质量、摄影视觉、文案策划品牌感/促销体系。 3．带领团队完成上级分配与年度的工作任务。 4．负责各部门活动方案安排与对接，活动方案完成的跟踪与反馈。 5．了解市场流行元素的变动，及时反馈信息；负责有关资料的收集与分析。	全责

续表

<table>
<tr><td rowspan="3">岗位职责</td><td colspan="2">二、业务管理</td><td>1．分析广告投放的相关点击流量数据动态，线上店铺转化率相关数据动态，向上级反馈并安排相关优化处理建议。
2．负责与各部门谈洽广告、促销活动等事宜并执行，完成进度指标数据。
3．在部门与员工之间进行有效沟通，使部门员工明确公司与部门的发展规划及各项规定；制订人员资源、各平台广告数据资源并根据动态分析策划方向。</td><td>全责</td></tr>
<tr><td colspan="2">三、资产管理</td><td>1．协助部门创建素材库、资料档、流行趋势资料、品牌建设等体系资料。
2．协助日常内务管理所有的行政事务及业务流程资料建设。</td><td>全责</td></tr>
<tr><td colspan="2">四、人员管理</td><td>1．负责人员管理和绩效考核。包括人员的招聘、调动、请假、排班、加班、入职、离职等有关人事手续。培养和指导下属，提高下属的业务水平和管理能力。
2．负责维护与商品部、运营部等相关部门的良好关系。</td><td>全责</td></tr>
<tr><td rowspan="3">职位权限</td><td colspan="2">工作权限</td><td colspan="2">1．有对策划部人员日常工作、执行情况的监督与建议权。
2．有对促销活动方案的建议权。</td></tr>
<tr><td colspan="2">财务权限</td><td colspan="2">监督部门财产安全。</td></tr>
<tr><td colspan="2">人事权限</td><td colspan="2">有策划部人员招聘、晋升、辞退建议权。</td></tr>
<tr><td rowspan="4">职位关系</td><td rowspan="3">内部工作关系</td><td>汇报</td><td colspan="2">向策划经理反馈工作情况。</td></tr>
<tr><td>督导</td><td colspan="2">督查每日工作事项。</td></tr>
<tr><td>协调</td><td colspan="2">协调部门员工的工作。</td></tr>
<tr><td colspan="2">外部工作关系</td><td colspan="2">与其他部门协调工作项目、对外动态技术交流。</td></tr>
<tr><td rowspan="3">任职资格</td><td colspan="2">教育经历</td><td colspan="2">大专及以上学历。</td></tr>
<tr><td colspan="2">工作经验</td><td colspan="2">2 年以上策划管理经验。</td></tr>
<tr><td colspan="2">知识技能</td><td colspan="2">较强的设计水平、精通网页代码编辑（DIV+CSS）、具有较强的协调与管理能力。</td></tr>
</table>

续表

任职资格	职业素养	具备敬业爱岗的道德素质。			
	其他要求	良好的团队凝聚力。			
薪酬标准	计薪方式	□年薪 □月薪 □计件 □底薪加计件 □底薪加提成 □其他			
	工资等级		工资标准	按薪资制度	津贴福利	出差补贴
绩效重点	主要绩效指标				绩效标准
	进度与质量目标达成情况				60%
	部门人员能力提升情况				20%
	活动推广及日常工作跟进执行力度				20%
其他	工作地点	办公室			
	工作时间	8:30～17:30			
	工作性质	全职			
	使用设备	公司提供			
	劳动条件				

三、平面设计

基本情况	职位名称	平面设计	所属部门	策划部	职位编号	
	职位等级	初级、中级、资深	职位类别	普通	职位编制	2 人
	直接上级	策划经理	晋升方向	设计主管		
	直接下级	无	轮转职位	无		
职位描述	主要负责对部门各项活动进行设计，通过与经理/主管对接工作，在排期内完成所有工作，保证进度与成品质量两不误；提高视觉营销效果、广告点击率等细则工作。					
岗位职责	职责描述	工作任务				责任
	日常工作/设计	1. 服从部门主管的日常工作安排，并按时完成，分析自己在设计上的优劣势，提出相应的实践培训计划。				全责

续表

<table>
<tr><td rowspan="2">岗位职责</td><td colspan="2">日常工作/设计</td><td colspan="4">2. 收集相关的流行元素，流行趋势并进行整理分析（1小时/天），反馈给主管/经理。
3. 负责各项活动设计。
4. 针对当天的工作做总结，并进行分析，提交给主管。
5. 根据数据反馈提高广告点击数、宝贝转化率并及时提高与应用最新前沿技术与视觉设计。</td><td>全责</td></tr>
<tr><td colspan="2">技术交流与应用</td><td colspan="4">1. 定时参与相关的技术与研究各平台的客户心理培训，汇总并实践。
2. 根据平台情况及前沿趋势应用与提高。
3. 定时进行部门交流与其他部门分享心得。</td><td>参与</td></tr>
<tr><td rowspan="3">职位权限</td><td colspan="2">工作权限</td><td colspan="5">具有各项活动策划的建议权，对活动广告的品牌感、促销感的建议权。</td></tr>
<tr><td colspan="2">财务权限</td><td colspan="5">无</td></tr>
<tr><td colspan="2">人事权限</td><td colspan="5">无</td></tr>
<tr><td rowspan="4">职位关系</td><td rowspan="3">内部工作关系</td><td>汇报</td><td colspan="5">向策划主管汇报工作。</td></tr>
<tr><td>督导</td><td colspan="5">接受策划主管的督导。</td></tr>
<tr><td>协调</td><td colspan="5">与摄影、文案保持良好沟通，协调主管开展日常的工作安排。</td></tr>
<tr><td colspan="2">外部工作关系</td><td colspan="5">无</td></tr>
<tr><td rowspan="5">任职资格</td><td colspan="2">教育经历</td><td colspan="5">高中及以上学历。</td></tr>
<tr><td colspan="2">工作经验</td><td colspan="5">1年以上设计经验。</td></tr>
<tr><td colspan="2">知识技能</td><td colspan="5">精通各种图像处理软件，熟悉网页代码编辑软件Dreamweaver。</td></tr>
<tr><td colspan="2">职业素养</td><td colspan="5">具有良好的职业道德，尊重公司制度。</td></tr>
<tr><td colspan="2">其他要求</td><td colspan="5">良好的团队凝聚力。</td></tr>
<tr><td rowspan="2">薪酬标准</td><td colspan="2">计薪方式</td><td colspan="5">□年薪 □月薪 □计件 □底薪加计件 □底薪加提成 □其他</td></tr>
<tr><td colspan="2">工资等级</td><td></td><td>工资标准</td><td>按薪资制度</td><td>津贴福利</td><td>出差补贴</td></tr>
</table>

续表

绩效重点	主要绩效指标		绩效标准
	任务达标完成情况		50%
	任务进度完成情况		40%
	日常表现情况		10%
其他	工作地点	办公室	
	工作时间	按公司制度	
	工作性质	全职	
	使用设备	公司提供	
	劳动条件		

四、文案策划

基本情况	职位名称	文案策划	所属部门	策划部	职位编号	
	职位等级	初级、中级、资深	职位类别	普通	职位编制	1 人
	直接上级	策划经理	晋升方向	调任同级部门、晋升策划主管		
	直接下级	无	轮转职位	无		
职位描述	完成年度计划任务并实施对 SNS、品牌、社区互动、活动策划、产品包装、季度/年度视觉广告语的提升方案以及线上线下各项营销及提升方案。					
岗位职责	职责描述	工作任务				责任
	一、日常工作/文案策划	1. 收集线上相关同行业、非同行业的活动策划案，进行整理与分析（1 小时/天），并反馈于部门主管。 2. 素材、品牌、定位、产品等相关事项的建设与开发运营工作策划与组织。 3. 完成日常的活动案策划与组织跟踪。 4. 论坛、微博等各大互动平台的日常管理与推广。 5. 协调各部门之间的日常工作衔接。				全责

续表

<table>
<tr><td rowspan="2">岗位职责</td><td colspan="2">二、数据反馈</td><td colspan="4">1. 当日的工作总结并做分析，提交至部门主管。
2. 针对每次活动，评估每个策划案的转化数据并做分析，反馈至部门主管。
3. 论坛、微博等各大互动平台的日常数据汇总。</td><td>全责</td></tr>
<tr><td colspan="2">三、技术交流</td><td colspan="4">1. 定期开展内部品牌建设、视觉营销、流行趋势交流会。
2. 参与国内大型资源交流会，组织国内联盟并开发相关的企划组织。</td><td>全责</td></tr>
<tr><td rowspan="3">职位权限</td><td colspan="2">工作权限</td><td colspan="5">1. 各项活动策划案的建议权。
2. 对未来品牌发展建设进行文化提炼及用户体验度建议权。</td></tr>
<tr><td colspan="2">财务权限</td><td colspan="5">无</td></tr>
<tr><td colspan="2">人事权限</td><td colspan="5">具有岗位晋升、部门申调的申请权。</td></tr>
<tr><td rowspan="4">职位关系</td><td rowspan="3">内部工作关系</td><td>汇报</td><td colspan="5">向部门主管汇报工作。</td></tr>
<tr><td>督导</td><td colspan="5">受部门领导的督导。</td></tr>
<tr><td>协调</td><td colspan="5">与运营部、商品部、平面设计及摄影师的协作关系。</td></tr>
<tr><td colspan="2">外部工作关系</td><td colspan="5">协调与外部门开展工作。</td></tr>
<tr><td rowspan="5">任职资格</td><td colspan="2">教育经历</td><td colspan="5">大专及以上学历。</td></tr>
<tr><td colspan="2">工作经验</td><td colspan="5">一年以上文案策划经验。</td></tr>
<tr><td colspan="2">知识技能</td><td colspan="5">具有一定文字功底，可以胜任公司日常写作需要。</td></tr>
<tr><td colspan="2">职业素养</td><td colspan="5">具有良好的职业道德，尊重公司制度。</td></tr>
<tr><td colspan="2">其他要求</td><td colspan="5">良好的团队凝聚力。</td></tr>
<tr><td rowspan="2">薪酬标准</td><td colspan="2">计薪方式</td><td colspan="5">□年薪 □月薪 □计件 □底薪加计件 □底薪加提成 □其他</td></tr>
<tr><td colspan="2">工资等级</td><td></td><td>工资标准</td><td>按薪资制度</td><td>津贴福利</td><td>出差补贴</td></tr>
<tr><td rowspan="4">绩效重点</td><td colspan="6">主要绩效指标</td><td>绩效标准</td></tr>
<tr><td colspan="6">活动案达标完成情况</td><td>60%</td></tr>
<tr><td colspan="6">日常的工作执行力度及表现</td><td>20%</td></tr>
<tr><td colspan="6">任务完成进度情况</td><td>20%</td></tr>
</table>

续表

<table>
<tr><td rowspan="5">其他</td><td>工作地点</td><td>办公室</td></tr>
<tr><td>工作时间</td><td>按公司制度</td></tr>
<tr><td>工作性质</td><td>全职</td></tr>
<tr><td>使用设备</td><td>公司提供的电脑</td></tr>
<tr><td>劳动条件</td><td></td></tr>
</table>

五、摄影师

<table>
<tr><td rowspan="4">基本情况</td><td>职位名称</td><td>摄影师</td><td>所属部门</td><td>策划部</td><td>职位编号</td><td colspan="2"></td></tr>
<tr><td>职位等级</td><td>初级、中级、资深</td><td>职位类别</td><td>摄影</td><td>职位编制</td><td colspan="2">1 人</td></tr>
<tr><td>直接上级</td><td>策划主管</td><td>晋升方向</td><td colspan="4">调任同级部门、晋升策划主管</td></tr>
<tr><td>直接下级</td><td>无</td><td>轮转职位</td><td colspan="4">无</td></tr>
<tr><td>职位描述</td><td colspan="7">完成公司年度的报道拍摄，并记录企业发展、活动发展、品牌发展等相关工作。</td></tr>
<tr><td rowspan="3">岗位职责</td><td>职责描述</td><td colspan="5">工作任务</td><td>责任</td></tr>
<tr><td>一、日常工作/拍摄</td><td colspan="5">1. 针对拍摄，收集相关摄影风格与作品，整理并做分析（1 小时/天），并按周提交反馈至部门主管。
2. 完成部门主管日常安排的各项与店铺、产品、素材相关的拍摄工作。
3. 完成各方面报道与取材，记录活动情况。
4. 协调各部门之间的日常工作衔接。
5. 协助相关外包资源洽谈业务，并组织建设素材档案、资料库以及前沿拍摄的最新动态整理。</td><td>全责</td></tr>
<tr><td>二、数据反馈</td><td colspan="5">1. 当日的工作总结并做分析提交至部门主管。
2. 针对线上宝贝描述转化率等相关数据，分析拍摄质量，反馈到部门主管。
3. 汇总每一期素材的趋势并进行总结，发布最新的设计动态。</td><td>全责</td></tr>
</table>

续表

<table>
<tr><td>岗位职责</td><td colspan="2">三、技术交流</td><td colspan="5">1．组织最新频道动态报道与纪实或例会。
2．进行外部学习、技术交流、关系搭建以及进行年度发展规划、总结品牌动向及各行业未来发展趋势等。</td><td>全责</td></tr>
<tr><td rowspan="3">职位权限</td><td colspan="2">工作权限</td><td colspan="6">拍摄方案的建议权。</td></tr>
<tr><td colspan="2">财务权限</td><td colspan="6">协助部门主管做好摄影器材相关费用预算。</td></tr>
<tr><td colspan="2">人事权限</td><td colspan="6">岗位晋升，部门申调的申请权。</td></tr>
<tr><td rowspan="4">职位关系</td><td rowspan="3">内部工作关系</td><td>汇报</td><td colspan="6">向策划主管汇报工作。</td></tr>
<tr><td>督导</td><td colspan="6">接受策划主管的督导。</td></tr>
<tr><td>协调</td><td colspan="6">与商品部、运营部、平面设计进行良好沟通。</td></tr>
<tr><td colspan="2">外部工作关系</td><td colspan="6">外包拍摄对接。</td></tr>
<tr><td rowspan="5">任职资格</td><td colspan="2">教育经历</td><td colspan="6">大专及以上学历。</td></tr>
<tr><td colspan="2">工作经验</td><td colspan="6">1 年以上摄影经验。</td></tr>
<tr><td colspan="2">知识技能</td><td colspan="6">熟练使用 Photoshop、Office 等软件及熟练使用各种摄影器材。</td></tr>
<tr><td colspan="2">职业素养</td><td colspan="6">具有良好的职业道德，尊重公司制度。</td></tr>
<tr><td colspan="2">其他要求</td><td colspan="6">无</td></tr>
<tr><td rowspan="2">薪酬标准</td><td colspan="2">计薪方式</td><td colspan="6">□年薪　□月薪　□计件　□底薪加计件　□底薪加提成　□其他</td></tr>
<tr><td colspan="2">工资等级</td><td></td><td>工资标准</td><td>按薪资制度</td><td>津贴福利</td><td colspan="2">出差补贴</td></tr>
<tr><td rowspan="4">绩效重点</td><td colspan="5">主要绩效指标</td><td colspan="3">绩效标准</td></tr>
<tr><td colspan="5">拍摄的质量达标情况</td><td colspan="3">60%</td></tr>
<tr><td colspan="5">任务完成进度情况</td><td colspan="3">20%</td></tr>
<tr><td colspan="5">日常的工作执行力度及表现</td><td colspan="3">20%</td></tr>
<tr><td rowspan="5">其他</td><td colspan="2">工作地点</td><td colspan="6">办公室</td></tr>
<tr><td colspan="2">工作时间</td><td colspan="6">8:30～17:30</td></tr>
<tr><td colspan="2">工作性质</td><td colspan="6">全职</td></tr>
<tr><td colspan="2">使用设备</td><td colspan="6">数码相机、闪光灯等摄影器材。</td></tr>
<tr><td colspan="2">劳动条件</td><td colspan="6"></td></tr>
</table>

第五节　策划部绩效考核体系

一、策划部管理评核目的

1．制订统一、规范的员工工作标准和行为准则，给予策划部门同事清晰、明确的工作指引，使各平台管理更为标准化和规范化。

2．及时、有效地检讨管理工作中的不足，便于策划部管理人员和培训管理人员制订调整方案、目标和培训规划。

3．公平、公开、公正地实施对部门员工的工作评核，有机结合公司的晋升系统，为同事提供职业发展的空间和平台。

二、管理评核系统内容

人员定期评核，有效提升同事的表现力和工作执行力，同时，结合公司的晋升考评系统（评核、考核、跟进、晋升），可为同事创造更好的个人发展规划，为公司的发展储备人才。

三、薪资和晋升评核表

1．策划部各相应岗位薪资制度（单位：元）

职位	级别	固定工资	KPI 完成指标奖励（元）		
			120%	150%	200%
策划人员	初级	1500	500	800	1000
	中级	2000			
	资深	2500			
设计师	初级	1800			
	中级	2800			
	资深	3500			

续表

职位	级别	固定工资	KPI 完成指标奖励（元）		
			120%	150%	200%
摄影	初级	1800	500	800	1000
	中级	2200			
	资深	3000			
主管	初级	2800			
	中级	3500			
	资深	4000			
经理	初级	3500			
	中级	4500			
	资深	6000			

2．KPI 晋升考核指标

考核周期	评核分值			
	X＜50	50≤X＜75	75≤X＜95	≥95
季度	罚 300	无	奖 300	奖 500
半年度	降一级	无	奖 300	晋一级
全年度	转岗或请辞	无	晋一级	晋两级或转岗

注：此晋升考核与月度评核挂钩，所取评核分值不是考核周期的平均值，而是考核周期内每月的评核分值。

第四章　商品部管理手册

第一节　商品部日常工作说明

<table>
<tr><th>周期</th><th>工作事项</th><th>规定时间</th><th>提交对象</th><th>接收对象</th><th>渠道</th><th>提交报表</th></tr>
<tr><td rowspan="4">每天</td><td>提交日工作计划</td><td>8:30</td><td rowspan="4">商品专员</td><td rowspan="4">商品部经理</td><td>邮箱</td><td>《商品部日计划报表》</td></tr>
<tr><td>收集竞争对手相关素材</td><td>8:30～9:30</td><td></td><td></td></tr>
<tr><td>与部门主管对接工作事宜并执行</td><td>9:30</td><td></td><td></td></tr>
<tr><td>提交当天工作总结（说明完成进度情况）</td><td>17:30</td><td>邮箱</td><td>《日总结报表》</td></tr>
<tr><td rowspan="3">每周</td><td>公司周例会</td><td>周一 9:00</td><td rowspan="2">商品部经理</td><td></td><td></td><td></td></tr>
<tr><td>部门周例会</td><td>周一 10:00</td><td></td><td></td><td></td></tr>
<tr><td>提交周总结/周计划</td><td>周六 17:30</td><td>商品专员</td><td>商品部经理</td><td>邮箱</td><td>《周总结/周计划》</td></tr>
<tr><td rowspan="4">每月</td><td>部门人员工作问题收集汇总</td><td>每月 3 日</td><td>商品部经理</td><td></td><td></td><td>上月出现的问题汇总并提出解决方案</td></tr>
<tr><td>月度工作总结及下月计划</td><td>每月 25 日</td><td>商品专员</td><td>商品部经理</td><td rowspan="3">邮箱</td><td>《月总结/月计划》</td></tr>
<tr><td>月度工作总结及下月计划</td><td>每月 25 日</td><td rowspan="2">商品部经理</td><td rowspan="2">总经理/总监</td><td>《月总结/月计划》</td></tr>
<tr><td>下月预算申请表</td><td>每月 25 日</td><td>《预算申请表》</td></tr>
</table>

续表

周期	工作事项	规定时间	提交对象	接收对象	渠道	提交报表
每月	外包费用结算审核	每月 25 日	商品专员	商品部经理	邮箱	《外包费用结算反馈表》
	外包费用结算跟进	每月 25 日				《外包费用结算反馈表》

第二节　商品部工作指引

1．部门内部管理呈报流程

2．业务活动呈报流程

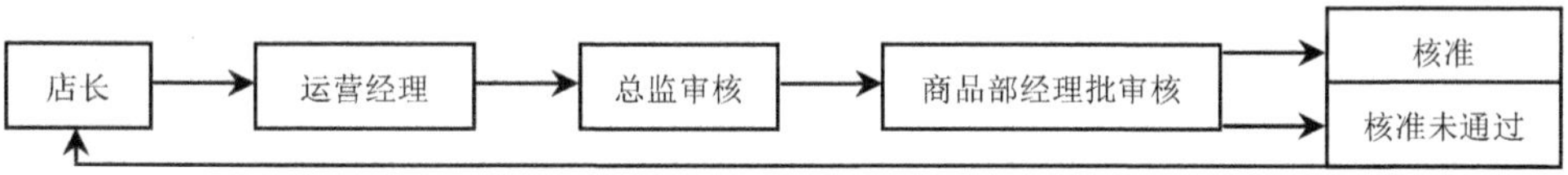

3．费用申请流程

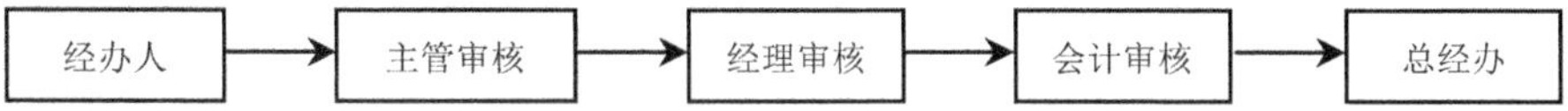

4．行政呈报流程

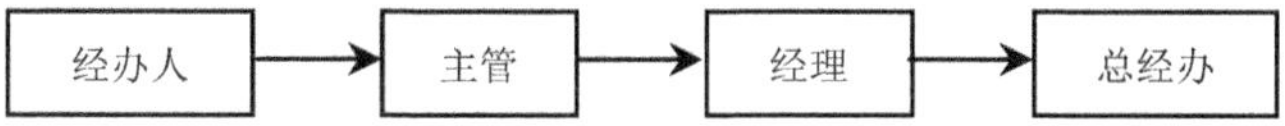

5．出入库流程

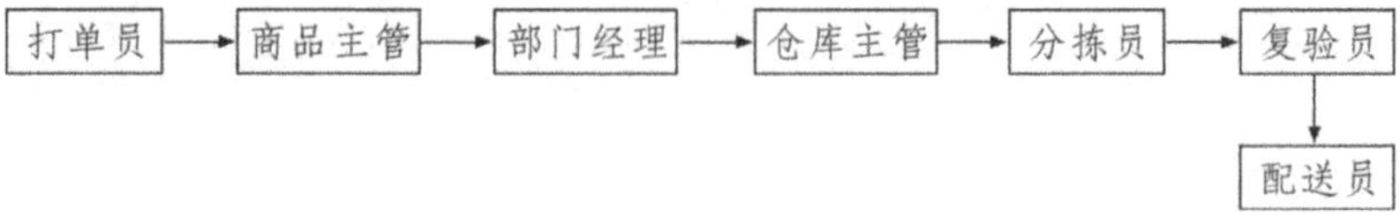

第三节　商品部组织架构及部门在组织内的地位

一、商品部组织架构图

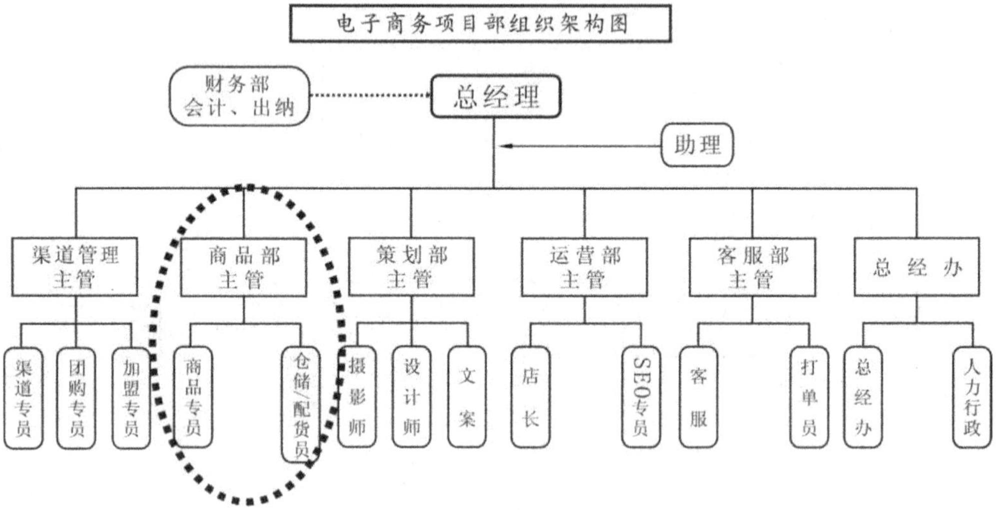

备注：

1.人员编制暂订4人，视业务发展速度适时调整编制（不含仓库配货员）。

2.仓库与XX分公司合用，由分公司代为管理，暂不另行设立。

二、部门在公司的地位

商品部属于公司独立的工作部门，负责货品的管理、利润控制、促销规划等业务，部门经理直接向总经理负责。

与渠道部、策划部、运营部、客服部、人力资源部属于协作关系。

第四节　商品部各岗位说明书

一、商品部经理

<table>
<tr><td rowspan="4">基本情况</td><td>职位名称</td><td>商品部经理</td><td>所属部门</td><td>商品部</td><td>职位编号</td><td></td></tr>
<tr><td>职位等级</td><td>初级、中级、高级</td><td>职位类别</td><td>高层</td><td>职位编制</td><td>1 人</td></tr>
<tr><td>直接上级</td><td>总经理</td><td>晋升方向</td><td colspan="3">调任同级部门、晋升部门经理</td></tr>
<tr><td>直接下级</td><td>商品专员</td><td>轮转职位</td><td colspan="3">无</td></tr>
<tr><td>职位描述</td><td colspan="6">1. 协助分公司总经理完成区域的销售、库存目标。
2. 负责分公司的商品管理，包括库存、铺货、补货、横调、退货、销售库存分析等。</td></tr>
<tr><td rowspan="5">岗位职责</td><td>职责描述</td><td colspan="4">工作任务</td><td>责任</td></tr>
<tr><td>一、年度任务</td><td colspan="4">协助总经理编制年度经营管理目标，提供相关数据。</td><td>全责</td></tr>
<tr><td>二、订货规划前</td><td colspan="4">1. 根据年度营销目标分解，合理规划货品整体需求。
2. 综合考虑预期市场年度增长（包括自然增长、卖场增加、店铺整改等因素）。
3. 分析、预测当地市场的销售趋势，按照总部要求，按单店分类，科学规划每季货品的各大类需求。</td><td>全责</td></tr>
<tr><td>三、参与订货</td><td colspan="4">1. 观察每季货品研发情况，考虑市场消费趋势。
2. 结合前期订货规划，合理调整各大类产品的金额占比、SKU、数量。
3. 协助总经理对订单进行审核、修改。</td><td>全责</td></tr>
<tr><td>四、铺货规划</td><td colspan="4">根据当季的新品订单、商品的价格带、商场档次等因素，编制产品铺货规划。</td><td>全责</td></tr>
</table>

续表

岗位职责	五、季节货品跟踪	1．根据各大类产品交货要求、订货数量、产品特征，制作跟踪表。 2．根据要求确认出货时间和配送明细和数量。 3．发现未按正常交期出货的产品应及时沟通确认。 4．统计无法到位的货品数量，对该大类产品进行重新规划并及时做好补货。	全责
	六、每周主要工作	1．审核每周的补货需求呈报。 2．监督商品专员进行每周产品销售排行榜的制作。	全责
	七、销售预测	1．新品上柜后每日观察其销售动向，结合每周的销售情况，快速将市场需求反映给上级。 2．进行销售预测，快速收集畅销信息，以便后期的补货需求能及时得到满足。	全责
	八、货品价格	1．根据市场的情况，对比往年同期价格，制订当季货品价格。 2．价格制订经与总经理进行沟通、确认、审批。	全责
	九、退市规划	1．在季节交替时，对过季产品的退市进行合理规划。 2．监督退市的执行效率。	全责
	十、货品横调	1．审核直营卖场的每周货品整合、横调计划表。 2．沟通、协调各卖场的货品横调。 3．监督直营终端卖场间的货品横调执行情况。	全责
	十一、变价申请的呈报	1. 针对滞销产品或特卖活动期间的货品调价促销，与总经理沟通，合理调整相关货品的价格。 2. 关注产品变价后的销售情况，考虑是否再次调价或采用其他方式进行促销。	全责
	十二、货品调换退货	组织商品专员针对调换回的货品进行分析，进行产品重新组合，及时消化库存。	全责

续表

<table>
<tr><td rowspan="2">岗位职责</td><td colspan="2">十三、监督仓库的工作情况</td><td colspan="5">1．监督仓库的日常工作是否按标准流程执行。
2．负责监督仓库设施的规划、维护。
3．保持与仓库主管良好的沟通，达到有效协作、提高工作效率的目的。</td><td>全责</td></tr>
<tr><td colspan="2">十四、临时性工作</td><td colspan="5">完成总经理交办的临时性工作任务。</td><td>全责</td></tr>
<tr><td rowspan="4">职位关系</td><td rowspan="3">内部工作关系</td><td>汇报</td><td colspan="6">向公司总经理汇报工作。</td></tr>
<tr><td>督导</td><td colspan="6">受公司总经理的督导。</td></tr>
<tr><td>协调</td><td colspan="6">与渠道部、运营部、策划部、财务部、行政部、人力部等部门的协调。</td></tr>
<tr><td colspan="2">外部工作关系</td><td colspan="6">加盟客户的协调。</td></tr>
<tr><td rowspan="5">任职资格</td><td colspan="2">教育经历</td><td colspan="6">大专及以上学历。</td></tr>
<tr><td colspan="2">工作经验</td><td colspan="6">5年以上商品管理经验。</td></tr>
<tr><td colspan="2">知识技能</td><td colspan="6">具有较强的协调、组织能力。</td></tr>
<tr><td colspan="2">职业素养</td><td colspan="6">具有良好的职业道德，尊重公司制度。</td></tr>
<tr><td colspan="2">其他要求</td><td colspan="6">良好的团队凝聚力。</td></tr>
<tr><td rowspan="2">薪酬标准</td><td colspan="2">计薪方式</td><td colspan="6">□年薪　□月薪　□计件　□底薪加计件　□底薪加提成　□其他</td></tr>
<tr><td colspan="2">工资等级</td><td></td><td>工资标准</td><td>按薪资制度</td><td>津贴福利</td><td colspan="2">出差补贴</td></tr>
<tr><td rowspan="4">绩效标准</td><td colspan="5">主要绩效指标</td><td colspan="3">绩效标准</td></tr>
<tr><td colspan="5">商品的价格控制在每季度平均毛利率不低于35%</td><td colspan="3">50%</td></tr>
<tr><td colspan="5">库存控制</td><td colspan="3">30%</td></tr>
<tr><td colspan="5">人均贡献率</td><td colspan="3">20%</td></tr>
<tr><td rowspan="5">其他</td><td colspan="2">工作地点</td><td colspan="6">办公室</td></tr>
<tr><td colspan="2">工作时间</td><td colspan="6">8:30～17:30</td></tr>
<tr><td colspan="2">工作性质</td><td colspan="6">全职</td></tr>
<tr><td colspan="2">使用设备</td><td colspan="6">电脑</td></tr>
<tr><td colspan="2">劳动条件</td><td colspan="6"></td></tr>
</table>

二、商品专员

<table>
<tr><td rowspan="4">基本情况</td><td>职位名称</td><td>商品专员</td><td>所属部门</td><td>商品部</td><td>职位编号</td><td></td></tr>
<tr><td>职位等级</td><td>初级、中级、高级</td><td>职位类别</td><td>普通</td><td>职位编制</td><td>3 人</td></tr>
<tr><td>直接上级</td><td>商品主管</td><td>晋升方向</td><td colspan="3">商品主管</td></tr>
<tr><td>直接下级</td><td>统计员、配货员</td><td>轮转职位</td><td colspan="3">无</td></tr>
<tr><td>职位描述</td><td colspan="6">针对所负责的直营销售网点每月的销售目标，对货品进行合理规划、分析、调配，确保分公司年度销售目标的达成。</td></tr>
<tr><td rowspan="6">岗位职责</td><td>职责描述</td><td colspan="4">工作任务</td><td>责任</td></tr>
<tr><td>一、订货规划</td><td colspan="4">负责市场每季度的货品需求规划：分析每季货品销存的历史数据，根据市场年度销售目标的计划增长、依据各大类产品的适销率目标，编制各大类货品需求规划。春夏货品需求规划一般在 8 月底，秋冬货品需求规划一般在 3 月底。</td><td>全责</td></tr>
<tr><td>二、新品上架</td><td colspan="4">负责新品首批铺货，包括配件和饰品：结合商品主管编制的铺货规划，根据出货安排做适当调整，规划明细经主管审查通过后，通知仓库进行出货准备（捡货、打包、标识、送货等）。将货品信息传递给运营部并监督其上柜执行。</td><td>全责</td></tr>
<tr><td>三、日常工作</td><td colspan="4">每日统计销存数据，了解货品销售情况，及时补充所缺货品。
一经发现库存与实际不符现象应立即与财务人员核实，查明原因，及时调整不准确数据，确保销存数据准确。</td><td>全责</td></tr>
<tr><td>四、每周工作重点</td><td colspan="4">每周的销售信息反馈表的制作和提交。每周的产品销售排行榜的制作（包括销售排行榜看板的填制），按产品大类对销售前十名和后十名商品进行由高到低排序。</td><td>全责</td></tr>
<tr><td>五、销售分析</td><td colspan="4">负责新品上柜后的销售跟踪，新品上柜后需每日观察其销售动向，结合每周的销售排行榜，快速反应市场需求。快速将畅销信息反馈至商品主管，呈报需求。</td><td>全责</td></tr>
</table>

续表

<table>
<tr><td rowspan="3">岗位职责</td><td>六、质量问题处理</td><td colspan="4">将有质量问题的产品退回进行质检。安排仓库将残次品按要求打包退回。跟踪质检结果并及时反馈给各直营终端。</td><td>全责</td></tr>
<tr><td>七、退换货处理</td><td colspan="4">接收政策性退货通知。在规定的时间内安排仓库将货品打包退回。与总部商品专员确认退回时间，并跟踪总仓验收退货。</td><td>全责</td></tr>
<tr><td>八、发货跟进</td><td colspan="4">与商品专员及仓库人员保持良好沟通。注重与各个部门信息的交流与沟通。</td><td>全责</td></tr>
<tr><td rowspan="4">任职资格</td><td>教育经历</td><td colspan="5">高中及以上学历。</td></tr>
<tr><td>工作经验</td><td colspan="5">1年以上相关岗位工作经验。</td></tr>
<tr><td>知识技能</td><td colspan="5">熟悉营销知识和供应链管理基础知识，面料、产品的相关基础知识；熟悉相关职能部门的工作流程，基本的网络知识。</td></tr>
<tr><td>职业素养</td><td colspan="5">具备良好的职业道德。</td></tr>
<tr><td rowspan="2">薪酬标准</td><td>计薪方式</td><td colspan="5">□年薪　□月薪　□计件　□底薪加计件　□底薪加提成　□其他</td></tr>
<tr><td>工资等级</td><td colspan="2">工资标准</td><td>按薪资制度</td><td>津贴福利</td><td>出差补贴</td></tr>
<tr><td rowspan="4">绩效标准</td><td colspan="5">主要绩效指标</td><td>绩效标准</td></tr>
<tr><td colspan="5">数据分析报表的准确性</td><td>50%</td></tr>
<tr><td colspan="5">库存控制</td><td>30%</td></tr>
<tr><td colspan="5">人均贡献率</td><td>20%</td></tr>
<tr><td rowspan="5">其它</td><td colspan="2">工作地点</td><td colspan="3">办公室</td><td></td></tr>
<tr><td colspan="2">工作时间</td><td colspan="3">8:30～17:30</td><td></td></tr>
<tr><td colspan="2">工作性质</td><td colspan="3">全职</td><td></td></tr>
<tr><td colspan="2">使用设备</td><td colspan="3">电脑</td><td></td></tr>
<tr><td colspan="2">劳动条件</td><td colspan="3"></td><td></td></tr>
</table>

三、仓库主管

<table>
<tr><td rowspan="4">基本情况</td><td>职位名称</td><td>仓库主管</td><td>所属部门</td><td>商品部</td><td>职位编号</td><td></td></tr>
<tr><td>职位等级</td><td>初级、中级、高级</td><td>职位类别</td><td>普通</td><td>职位编制</td><td>1 人</td></tr>
<tr><td>直接上级</td><td>商品主管</td><td>晋升方向</td><td colspan="3">商品主管</td></tr>
<tr><td>直接下级</td><td>统计员</td><td>轮转职位</td><td colspan="3">无</td></tr>
<tr><td>职位描述</td><td colspan="6">1. 负责仓库库容规划，提高库容利用水平。
2. 负责货品入库处理，合理利用库容。
3. 负责将商品部所下出货单配货出货。
4. 定期开展盘点工作，确保仓库货品账物相符。
5. 负责仓库防火、防水等安全工作。
6. 寻找合适的第三方物流，确保货品及时、安全到达目的地。
7. 负责仓库所属员工的工作安排、培训等。</td></tr>
<tr><td rowspan="6">岗位职责</td><td>职责描述</td><td colspan="4">工作任务</td><td>责任</td></tr>
<tr><td>一、出入库管理</td><td colspan="4">点货入库：对总仓下发到直营仓的货物进行逐箱清点，按照总仓随同货物的成品出库单进行核对，无误后在上面签字确认，由直营仓管根据确认的成品出库单把系统里对应单据生成入库单确认过账入库。</td><td>全责</td></tr>
<tr><td>二、货品存放管理</td><td colspan="4">分类存放：安排配货员按货号、按号码整理上架，做好醒目标识，以方便配货。</td><td>全责</td></tr>
<tr><td>三、配货管理</td><td colspan="4">按照商品部主管所下达的发货指令单安排配货员进行拣货，配货员拣货时，每箱货物里必须配有装箱单，但不封箱，安排仓库统计按照装箱单核对数量明细，仓库主管抽查，单物相符后封箱，发现数量明细与装箱单不符，责令统计，配货员配合更正。</td><td>全责</td></tr>
<tr><td>四、发货管理</td><td colspan="4">仓库统计根据留底装箱单核对发货指令单进行打单，仓库主管核对后在送货单上签字确认后开出厂单进行出货，按照商品部主管指令安排送货员跟车送货。</td><td>全责</td></tr>
<tr><td>五、退货管理</td><td colspan="4">退货入库：根据系统里的退货单打单签字确认。属残次品退货，由直营仓库集中办理相应退货手续退回总仓库。</td><td>全责</td></tr>
</table>

续表

岗位职责	六、盘点管理	盘点：定期对货物进行实盘，做到账物相符。			全责
任职资格	教育经历	高中及以上学历。			
	工作经验	1～2 年同岗位工作经验。			
	知识技能	熟悉日常办公软件的使用。			
	职业素养	具备良好的职业道德。			
薪酬标准	计薪方式	□年薪　□月薪　□计件　□底薪加计件　□底薪加提成　□其他			
	工资等级	工资标准	按薪资制度	津贴福利	出差补贴
绩效标准	主要绩效指标				绩效标准
	仓库数据准确性				50%
	损耗控制				30%
	出入库时效				20%
其他	工作地点	仓库			
	工作时间	8:30～17:30			
	工作性质	全职			
	使用设备	电脑			
	劳动条件				

第五节　商品部绩效考核体系

一、管理评核目的

1. 制订统一、规范的员工工作标准和行为准则，给予商品部门同事清晰、明确的工作指引，使平台管理更为标准化和规范化。

2. 及时、有效地检讨工作中的不足，便于商品部管理人员和培训管理人员制订调整方案、目标和培训规划。

3．公平、公开、公正地实施对部门员工的工作评核，有机结合公司的晋升系统，为同事提供职业发展的空间和平台。

二、管理评核系统内容

人员定期评核，有效提升同事的表现力和工作执行力，同时，结合公司的晋升考评系统（评核、考核、跟进、晋升），可为同事创造更好的个人发展规划，为公司的发展储备人才。

三、薪资、抽成和晋升评核表

1．商品部各相应岗位薪资制度（单位：元）

岗位	级别	薪资总额	底薪	岗位津贴	KPI	晋升制度
经理	A	8000	5000	3000	按公司绩效考核标准。	按公司薪资管理规定中的晋升制度执行。
	B	6000	3500	2500		
	C	5000	2500	2500		
主管（主管级员工）	A	3500	2500	1000		
	B	3200	2200	1000		
	C	3000	2000	1000		
专员	A	2500	2000	500		
	B	2200	1700	500		
	C	2000	1500	500		

2．抽成及KPI考核指标

职位	价格：元			KPI		
	150以下	150～300	300以上	120%	150%	200%
商品经理	订单数×0.2			无		
商品专员	0.3	0.7	1	500	800	1500
配货员	0.15	0.35	0.5	600	900	1700

3．总体KPI晋升考核指标

季度/半年/年持续完成KPI			
考核时间	50%	75%	100%
季度	-300	300	500
半年度	降一级	晋一级	晋两级
全年度	转岗或请辞	500	晋一级或转岗

第五章　渠道部管理手册

第一节　渠道部日常工作说明

周期	工作事项	规定时间	提交对象	接收对象	渠道	提交报表
每天	提交日报表	8:30	渠道专员	渠道主管	邮箱	《渠道部日销售报表》
	核对销售数据	9:00	渠道主管	渠道经理		《渠道部日销售报表》
	产品库存更新	9:30	渠道专员	渠道主管		
	与代理商交流及销售数据分析	10:00	渠道主管	渠道经理	邮箱	《销售数据分析表》
	各平台市场动态跟踪及反馈	14:00				《产品数据分析表》
	组织并主动协调各平台资源	16:00				《产品数据分析表》
每周	部门周例会	周一 9:00	渠道经理			
	电子商务周例会	周一 10:00				
	产品整理	周一 17:00	渠道主管	渠道经理	邮箱	《渠道专员日常工作汇总表》 《上周问题汇总表》 《产品活动信息表》

续表

周期	工作事项	规定时间	提交对象	接收对象	渠道	提交报表
每周	销售数据分析表	周一 14:30	渠道专员	渠道主管	邮箱	提交各负责平台单品总体数据分析对比表和该类目下销售排行表
	提交周总结/周计划	周六 17:30				《周总结/周计划》
	提交周总结/周计划	周六 17:30	渠道主管	渠道经理	邮箱	《周总结/周计划》
每月	代理商问题收集汇总	每月 3 日	渠道经理			上月出现问题的汇总并提出解决方案
	产品归类分配	每月 5 日				针对各平台特性分配系列产品
	月度各平台单品周销售数据对比	每月 25 日	渠道专员	渠道主管	邮箱	《月总结/月计划》
	月度各平台总体数据分析	每月 25 日	渠道主管	渠道经理		《数据与分析表》
	平台单品爆款分析、月销售报表分析	每月 25 日	渠道经理	总监		《月总结/月计划》
	下个月预算申请	每月 25 日				《预算申请表》
	代理结算回款跟进	每月 25 日	渠道主管	渠道经理		《代理结算反馈表》
季度	季度单品分析（各平台）	下一季度每月 5 号内	渠道经理	总监		《季度平台销售对比分析表》
	季度平台销售对比分析					《单品销售分析表》，各平台销售数据特性

第二节　渠道部工作指引

1. 部门内部管理呈报流程

2. 业务活动呈报流程

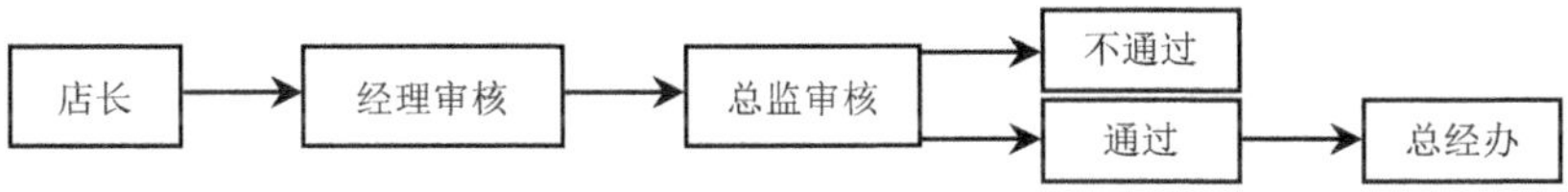

3. 费用申请流程

4. 行政呈报流程

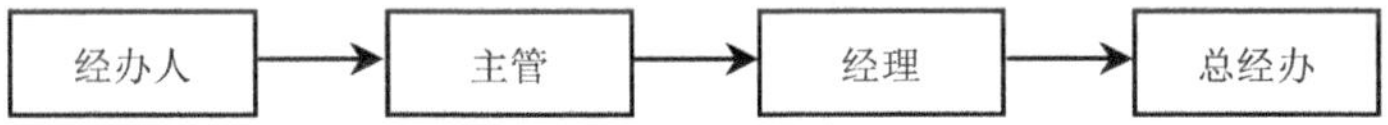

5. 平台（加盟商）活动产品、价格申请流程

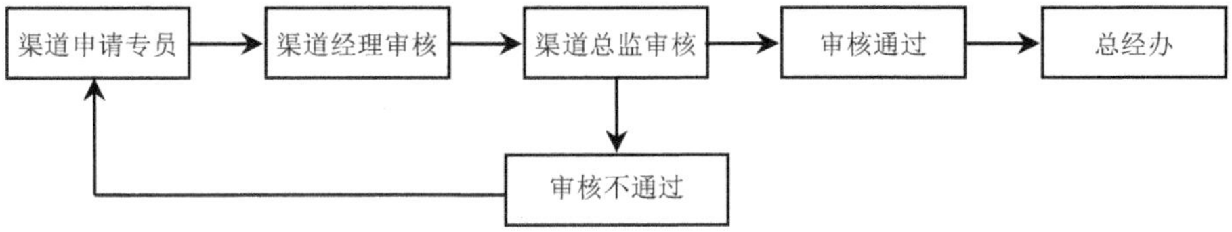

第三节 组织架构及部门在组织中的地位

一、组织架构

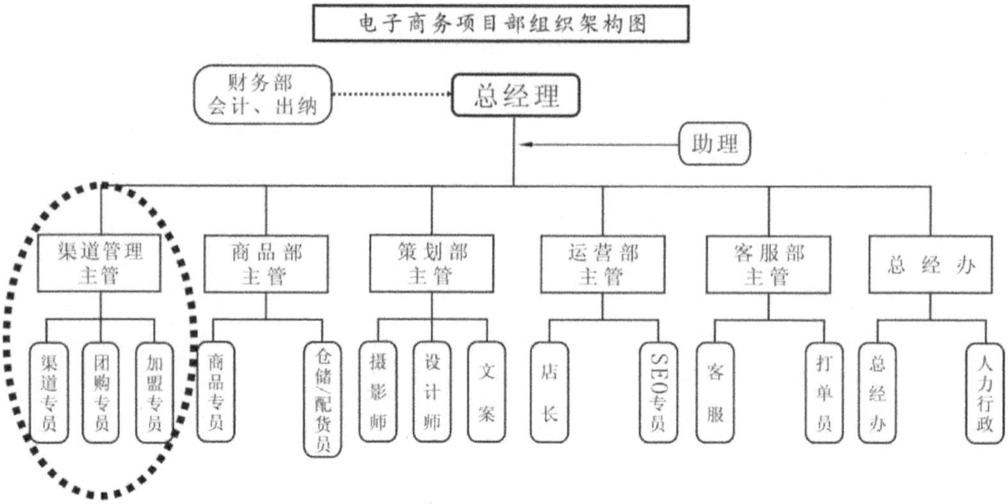

备注：

1.人员编制暂订4人，视业务发展速度适时调整编制。

二、部门在公司地位

渠道部属于公司独立的业务部门，负责电子商务的渠道拓展、分销、团购等业务，部门经理直接向总经理负责。

与策划部、商品部、运营部、客服部、人力资源部属于协作关系。

第四节　渠道部各岗位说明书

一、渠道经理

<table>
<tr><td rowspan="4">基本情况</td><td>职位名称</td><td>渠道经理</td><td>所属部门</td><td>渠道部</td><td>职位编号</td><td></td></tr>
<tr><td>职位等级</td><td>初级、中级、资深</td><td>职位类别</td><td>中层</td><td>职位编制</td><td>1 人</td></tr>
<tr><td>直接上级</td><td>总经理</td><td>晋升方向</td><td colspan="3">总监</td></tr>
<tr><td>直接下级</td><td>渠道主管、渠道专员</td><td>轮转职位</td><td colspan="3">策划经理、运营经理、商品经理</td></tr>
<tr><td>职位描述</td><td colspan="6">1. 负责渠道部管理体系的制度建设、人事管理、绩效考核等管理工作。
2. 通过规范渠道部管理岗位职责，提升管理水平。
3. 带领渠道团队，完成各项经营指标。
4. 负责代理平台的开发和促销活动资源的洽谈。
5. 拟定各代理平台的促销活动方案及分销产品明细，并审核渠道专员提报的活动方案中涉及的价格体系。
6. 针对各平台渠道专员提报的日（周/月）销售报表和促销活动力度等对各平台进行评估和审定。
7. 负责部门成本费用控制，各种报销单据的审批。
8. 完成上级交给的各项任务。</td></tr>
<tr><td rowspan="2">岗位职责</td><td>职责描述</td><td colspan="4">工作任务</td><td>责任</td></tr>
<tr><td>一、年度任务</td><td colspan="4">1. 执行并落实渠道部所分配的销售目标，根据完成进度采取措施。
2. 根据公司发展和战略规划，协助直属上级制订总体销售计划及量化各平台销售目标。
3. 制订全年本部门费用预算，完成公司下达的销售任务。
4. 收集和整理市场信息、竞争品牌类目市场策略、广告策略、销售状况、新品上市情况、促销策略及代理商反映的情况，并对收集信息加以分析，提供给上级精确数据及改进方案。</td><td>全责</td></tr>
</table>

续表

岗位职责	二、人员培训	1. 对各渠道专员导入货品管理概念，制订有效的货品分销计划，合理地补货、科学地设置货品结构。 2. 负责各渠道专员的培训、上岗、考核、评估以及调配。 3. 货品调拨的协调，各代理平台退货的审批、协调与控制。	全责
	三、日常工作	1. 针对大的代理平台的活动资源进行沟通与协调。 2. 发现及解决人、货、代理平台各方面的问题。 3. 监督平台进行有关活动的执行。 4. 对日销售报表数据进行分析，有针对性地主推热销产品，针对各平台消费群体定位的不同有意识地区分产品类别。	全责
	四、人员招募	招募、训练、培养渠道专员的运营水平，为公司发展储备人才。	全责
	五、会议跟进	1. 建立公司网络的详细档案资料和相关市场数据。 2. 配合上级日常工作内容跟进，每周、每月定期召开例会。 3. 服从上级的日常工作安排并落实执行，完成日常工作事务。	全责
	六、市场动态	1. 根据公司市场网络开发计划，制订全面工作的计划与安排。 2. 对公司营销政策、渠道管理方针、促销及形象整改要求进行监督、控制和效果的追踪与评估。	全责
职位权限	工作权限	1. 有对产品开发的建议权及加单的建议权。 2. 有对新开发代理商合作关系的决策权。 3. 有对本部门日常费用的审批权及控制权。 4. 有对促销活动产品价格在供货价之上的决策权。	
	财务权限	有对渠道促销方案的制订权，有对渠道产品调配的权利。	
	人事权限	有对本部门人员的调配、晋升和招聘及任免的决策权。	

续表

<table>
<tr><td rowspan="4">职位关系</td><td rowspan="3">内部工作关系</td><td>汇报</td><td colspan="5">向上级汇报工作。</td></tr>
<tr><td>督导</td><td colspan="5">受公司及总公司领导的督导。</td></tr>
<tr><td>协调</td><td colspan="5">负责与市场、运营、零售、商品、财务、行政、人力等部门的协调。</td></tr>
<tr><td colspan="2">外部工作关系</td><td colspan="5">对团购客户、加盟客户的协调。</td></tr>
<tr><td rowspan="5">任职资格</td><td colspan="2">教育经历</td><td colspan="5">大专及以上学历。</td></tr>
<tr><td colspan="2">工作经验</td><td colspan="5">具有 3 年以上电子商务渠道销售与管理经验。</td></tr>
<tr><td colspan="2">知识技能</td><td colspan="5">具有较强的协调、组织能力。</td></tr>
<tr><td colspan="2">职业素养</td><td colspan="5">具有良好的职业道德，尊重公司制度。</td></tr>
<tr><td colspan="2">其他要求</td><td colspan="5">良好的团队凝聚力。</td></tr>
<tr><td rowspan="2">薪酬标准</td><td colspan="2">计薪方式</td><td colspan="5">□年薪 □月薪 □计件 □底薪加计件 □底薪加提成 □其他</td></tr>
<tr><td colspan="2">工资等级</td><td></td><td>工资标准</td><td>按薪资制度</td><td>津贴福利</td><td>出差补贴</td></tr>
<tr><td rowspan="4">绩效重点</td><td colspan="6">主要绩效指标</td><td>绩效标准</td></tr>
<tr><td colspan="6">指导、组织各渠道主管及专员完成所制订的销售目标。</td><td>50%</td></tr>
<tr><td colspan="6">公司内部衔接工作。</td><td>30%</td></tr>
<tr><td colspan="6">公司上下级的工作处理。</td><td>20%</td></tr>
<tr><td rowspan="5">其他</td><td colspan="2">工作地点</td><td colspan="5">办公室</td></tr>
<tr><td colspan="2">工作时间</td><td colspan="5">8:30～17:30</td></tr>
<tr><td colspan="2">工作性质</td><td colspan="5">全职</td></tr>
<tr><td colspan="2">使用设备</td><td colspan="5">公司提供</td></tr>
<tr><td colspan="2">劳动条件</td><td colspan="5"></td></tr>
</table>

二、渠道主管

<table>
<tr><td rowspan="4">基本情况</td><td>职位名称</td><td>渠道主管</td><td>所属部门</td><td>渠道部</td><td>职位编号</td><td></td></tr>
<tr><td>职位等级</td><td>初级、中级、资深</td><td>职位类别</td><td>普通</td><td>职位编制</td><td>2 人</td></tr>
<tr><td>直接上级</td><td>渠道经理</td><td>晋升方向</td><td colspan="3">渠道经理</td></tr>
<tr><td>直接下级</td><td>渠道专员</td><td>轮转职位</td><td colspan="3">运营主管、商品主管</td></tr>
</table>

续表

<table>
<tr><td>职位描述</td><td colspan="3">全面负责代理平台的运营管理、监控，评核店铺拓展、整改等工作，传达渠道部各项通知制度，全力教导提升同事的知识、技巧以完成公司对所属平台分配的销售目标。</td></tr>
<tr><td rowspan="5">岗位职责</td><td>职责描述</td><td>工作任务</td><td>责任</td></tr>
<tr><td>一、平台管理</td><td>1．负责代理平台运营管理，并对其进行规范指导、监督。
2．维护所有代理平台上同系列、同款产品的价格统一体系。
3．协助办理代理合同有关的资质证明，如：营业执照、组织机构代码证、税务登记证、开户银行许可证等。
4．负责对新进驻代理平台的分销产品数据对接、推广、促销等活动的跟进。
5．了解市场动态，及时反馈信息，负责有关销售资料的收集统计与分析。</td><td>全责</td></tr>
<tr><td>二、销售动态</td><td>1．掌握平台销售动态，向上级建议热销品推广和滞销商品淘汰处理建议。
2．负责与平台洽谈进驻、促销活动等事宜，完成部门下达的各平台经营指标。
3．在部门与员工之间进行有效沟通，使部门员工明确公司与部门的发展规划及各项规定；制订各平台数据资源、人员资源、消费群体并根据动态分析未来产品发展方向。</td><td>全责</td></tr>
<tr><td>三、商品管理</td><td>1．监督代理平台商品分配等相关事宜。
2．对所属平台内的货品进行盘点，做好进、销、存数据与财务对帐。</td><td>全责</td></tr>
<tr><td>四、人员管理</td><td>1．负责所管辖渠道专员管理和绩效考核。包括人员的招聘、调动、请假、调休、排班、加班、离职等有关人事手续。培养和指导下属，提高下属的业务水平和管理能力。
2．负责维护与商品部、运营部等相关部门的良好关系。</td><td>全责</td></tr>
</table>

续表

<table>
<tr><td rowspan="3">职位权限</td><td colspan="2">工作权限</td><td colspan="5">1. 有对渠道专员日常工作、执行情况的监督与建议权。
2. 有对开发新代理商合作关系的建议权。
3. 有对促销产品的活动价格的建议权。</td></tr>
<tr><td colspan="2">财务权限</td><td colspan="5">有调阅代理销售及库存权。</td></tr>
<tr><td colspan="2">人事权限</td><td colspan="5">有渠道专员招聘、晋升、辞退建议权。</td></tr>
<tr><td rowspan="4">职位关系</td><td rowspan="3">内部工作关系</td><td>汇报</td><td colspan="5">向渠道经理反馈工作情况。</td></tr>
<tr><td>督导</td><td colspan="5">督查每日工作事项。</td></tr>
<tr><td>协调</td><td colspan="5">协调部门员工的工作。</td></tr>
<tr><td colspan="2">外部工作关系</td><td colspan="5">与其他部门协调工作。</td></tr>
<tr><td rowspan="5">任职资格</td><td colspan="2">教育经历</td><td colspan="5">大专及以上学历。</td></tr>
<tr><td colspan="2">工作经验</td><td colspan="5">1～2 年电子商务管理经验。</td></tr>
<tr><td colspan="2">知识技能</td><td colspan="5">熟悉渠道拓展工作流程。</td></tr>
<tr><td colspan="2">职业素养</td><td colspan="5">具备敬业爱岗的道德素质。</td></tr>
<tr><td colspan="2">其他要求</td><td colspan="5">良好的团队凝聚力。</td></tr>
<tr><td rowspan="2">薪酬标准</td><td colspan="2">计薪方式</td><td colspan="5">□年薪 □月薪 □计件 □底薪加计件 □底薪加提成 □其他</td></tr>
<tr><td colspan="2">工资等级</td><td></td><td>工资标准</td><td>按薪资制度</td><td>津贴福利</td><td>出差补贴</td></tr>
<tr><td rowspan="4">绩效重点</td><td colspan="6">主要绩效指标</td><td>绩效标准</td></tr>
<tr><td colspan="6">业绩目标达成情况</td><td>60%</td></tr>
<tr><td colspan="6">部门人员管理与货品的库销比情况</td><td>15%</td></tr>
<tr><td colspan="6">活动推广及日常工作跟进执行力度</td><td>25%</td></tr>
<tr><td rowspan="5">其他</td><td colspan="2">工作地点</td><td colspan="5">办公室</td></tr>
<tr><td colspan="2">工作时间</td><td colspan="5">8:30～17:30</td></tr>
<tr><td colspan="2">工作性质</td><td colspan="5">全职</td></tr>
<tr><td colspan="2">使用设备</td><td colspan="5">公司提供</td></tr>
<tr><td colspan="2">劳动条件</td><td colspan="5"></td></tr>
</table>

三、渠道专员

<table>
<tr><td rowspan="4">基本情况</td><td colspan="2">职位名称</td><td>渠道专员</td><td>所属部门</td><td>渠道部</td><td>职位编号</td><td></td></tr>
<tr><td colspan="2">职位等级</td><td>初级、中级、高级</td><td>职位类别</td><td>普通</td><td>职位编制</td><td>2 人</td></tr>
<tr><td colspan="2">直接上级</td><td>渠道主管</td><td>晋升方向</td><td colspan="3">渠道主管，渠道经理</td></tr>
<tr><td colspan="2">直接下级</td><td>无</td><td>轮转职位</td><td colspan="3">店长助理、商品专员</td></tr>
<tr><td>职位描述</td><td colspan="7">主要负责产品维护与跟进、结算回款的及时性，通过与代理商的对接工作，获得本品牌产品在其平台上的销售情况，以便及时补进与更新库存信息。根据畅销和滞销产品销售数据，再结合库存配合渠道主管制订合理的促销活动方案，收集汇总平台整体销售情况并反馈至渠道经理，以及完成领导交代的临时工作。</td></tr>
<tr><td rowspan="3">岗位职责</td><td colspan="2">职责描述</td><td colspan="4">工作任务</td><td>责任</td></tr>
<tr><td colspan="2">一、数据反馈</td><td colspan="4">1．制作主要渠道平台的日销售报表，及时反馈并完成月度 KPI。
2．实时跟踪所属平台分销产品的库存信息，分析季度/月度数据资料。</td><td>全责</td></tr>
<tr><td colspan="2">二、日常工作</td><td colspan="4">1．服从部门主管的日常工作安排，并跟踪落实到位，分析负责平台的优劣势，提出产品分配计划。
2．铺货的产品库存信息审核。
3．协调与代理商之间的日常工作衔接。
4．协助并跟进代理结算回款事宜。</td><td>全责</td></tr>
<tr><td rowspan="3">职位权限</td><td colspan="2">工作权限</td><td colspan="5">1．有对开发新代理商合作关系的建议权。
2．有对促销产品的活动价格的建议权。</td></tr>
<tr><td colspan="2">财务权限</td><td colspan="5">协助财务部门跟进代理结算回款的及时性。</td></tr>
<tr><td colspan="2">人事权限</td><td colspan="5">岗位晋升、部门申调的申请权。</td></tr>
<tr><td rowspan="3">职位关系</td><td rowspan="2">内部工作关系</td><td>汇报</td><td colspan="5">向渠道主管反映代理平台的销售情况。</td></tr>
<tr><td>协调</td><td colspan="5">协调代理平台开展日常工作。</td></tr>
<tr><td colspan="2">外部工作关系</td><td colspan="5">协调公司财务部与代理商的结算校对工作。</td></tr>
</table>

续表

<table>
<tr><td rowspan="5">任职资格</td><td>教育经历</td><td colspan="5">高中及以上学历。</td></tr>
<tr><td>工作经验</td><td colspan="5">1～2 年电子商务管理经验。</td></tr>
<tr><td>知识技能</td><td colspan="5">熟悉渠道拓展工作流程。</td></tr>
<tr><td>职业素养</td><td colspan="5">具备敬业爱岗的道德素质。</td></tr>
<tr><td>其他要求</td><td colspan="5">良好的团队凝聚力。</td></tr>
<tr><td rowspan="2">薪酬标准</td><td>计薪方式</td><td colspan="5">□年薪 □月薪 □计件 □底薪加计件 □底薪加提成 □其他</td></tr>
<tr><td>工资等级</td><td></td><td>工资标准</td><td>按薪资制度</td><td>津贴福利</td><td>出差补贴</td></tr>
<tr><td rowspan="4">绩效重点</td><td colspan="5">主要绩效指标</td><td>绩效标准</td></tr>
<tr><td colspan="5">完成上级分配的销售指标情况</td><td>70%</td></tr>
<tr><td colspan="5">日常工作执行力度</td><td>15%</td></tr>
<tr><td colspan="5">相关平台上的产品库销比情况</td><td>15%</td></tr>
<tr><td rowspan="5">其他</td><td>工作地点</td><td colspan="5">办公室</td></tr>
<tr><td>工作时间</td><td colspan="5">8:30～17:30</td></tr>
<tr><td>工作性质</td><td colspan="5">全职</td></tr>
<tr><td>使用设备</td><td colspan="5">公司提供</td></tr>
<tr><td>劳动条件</td><td colspan="5"></td></tr>
</table>

第五节 渠道部绩效考核体系

一、管理评核目的

1. 制订统一、规范的员工工作标准和行为准则，给予渠道部门同事清晰、明确的工作指引，使各代理平台管理更为标准化和规范化。

2. 及时、有效检讨管理工作中的不足，便于管理人员和培训管理人员制订调整方案、目标和培训规划。

3．公平、公开、公正地实施对部门员工的工作评核，有机结合公司的晋升系统，为同事提供职业发展的空间和平台。

二、管理评核系统内容

人员定期评核，有效提升同事的表现力和工作执行力，同时，结合公司的晋升考评系统（评核、考核、跟进、晋升），为同事创造更好的个人发展规划，为公司的发展储备人才。

三、薪资、抽成和晋升评核表

1．各岗位薪资、抽成及 KPI 考核指标

职位	级别	固定工资	抽成	KPI 完成指标奖励（元）		
				120%	150%	200%
经理	高	8000	销售利润*0.3%	500	1000	2000
	中	5000				
	初	3500				
主管	高	3500	销售利润*0.2%	800	1500	2500
	中	3000				
	初	2500				
专员	高	2500	销售利润*0.2%	1000	2000	3000
	中	2000				
	初	1800				

注：销售利润=销售价格-产品成本-平台扣点

2．总体 KPI 晋升考核指标

考核周期	评核分值			
	X＜50	50≤X＜75	75≤X＜95	≥95
季度	罚 300	无	奖 300	奖 500

续表

<table>
<tr><th rowspan="2">考核周期</th><th colspan="4">评核分值</th></tr>
<tr><th>X<50</th><th>50≤X<75</th><th>75≤X<95</th><th>≥95</th></tr>
<tr><td>半年度</td><td>降一级</td><td>无</td><td>奖 300</td><td>晋一级</td></tr>
<tr><td>全年度</td><td>转岗或请辞</td><td>无</td><td>晋一级</td><td>晋两级或转岗</td></tr>
</table>

注：此晋升考核与月度评核挂钩，所取评核分值不是考核周期的平均值，而是考核周期内每月的评核分值。

第六章　客服部管理手册

第一节　客服部日常工作说明

<table>
<tr><th>周期</th><th>工作事项</th><th>规定时间</th><th>提交对象</th><th>接收对象</th><th>渠道</th><th>提交报表</th></tr>
<tr><td rowspan="5">每天</td><td>查看晚班交接</td><td>8:30</td><td>客服</td><td>主管</td><td rowspan="2">QQ</td><td>《客服内部交接表》</td></tr>
<tr><td>关注店铺的活动详情</td><td>9:00</td><td>运营部</td><td>客服主管</td><td>《店铺活动表格》</td></tr>
<tr><td>核对早班人员名单</td><td>9:30</td><td>客服</td><td>主管</td><td>无</td><td>无</td></tr>
<tr><td>查看日常销售情况</td><td>12:00</td><td>无</td><td>无</td><td>无</td><td>无</td></tr>
<tr><td>检查每天的退换货详情</td><td>14:00</td><td>售后</td><td>主管</td><td rowspan="5">QQ</td><td>《客服交接退换货表格》</td></tr>
<tr><td rowspan="5">每周</td><td>提交周报告</td><td>周一 9:00</td><td>客服主管</td><td>总监助理</td><td>《客服部周报告》</td></tr>
<tr><td>每周的售前、售中问题</td><td>周一 12:00</td><td>售前、售中</td><td>主管</td><td>《每周常见问题及建议》</td></tr>
<tr><td>每周的退款详情</td><td>周一 17:30</td><td rowspan="2">售后</td><td rowspan="3">主管</td><td>《每周的退款明细》</td></tr>
<tr><td>每周的售后问题</td><td>周二 9:00</td><td>《每周常见售后问题及建议》</td></tr>
<tr><td>每周客服聊天记录的检查</td><td>周二 12:00</td><td>无</td><td>无</td><td>无</td></tr>
</table>

续表

周期	工作事项	规定时间	提交对象	接收对象	渠道	提交报表
每周	每周的沟通技巧培训	周三 16:30	客服	主管	无	无
每月	每月的活动信息表	每月 1 日			QQ	《店铺活动信息表》
	每月的问题建议反馈	每月 2 日	售前、售中			《问题反馈表》
	每月退换货的总结	每月 2 日	售后			《客服部退换货统计》
	月总结/月计划	每月 25 日	主管	总监助理		《客服部月总结/月计划》

第二节　客服部工作指引

一、管理流程指引

1. 部门内部管理呈报流程

2. 业务活动呈报流程

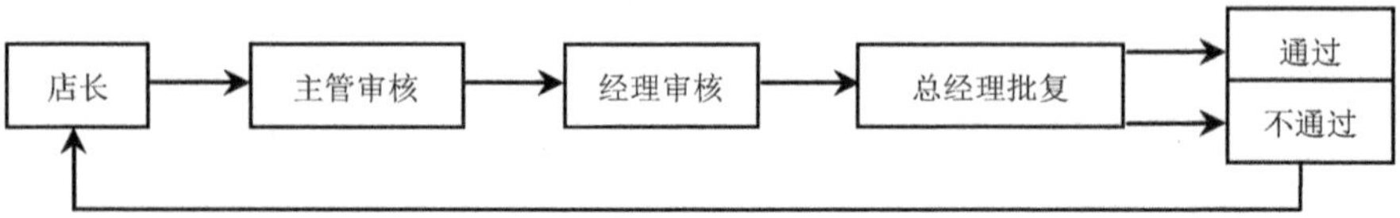

3. 费用申请流程

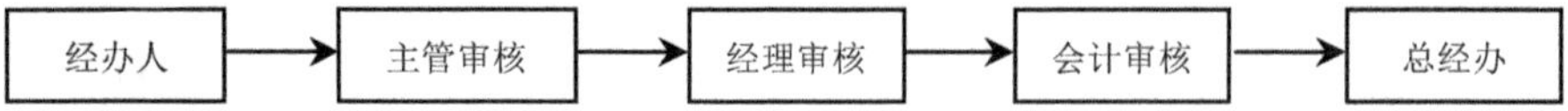

4. 行政呈报流程

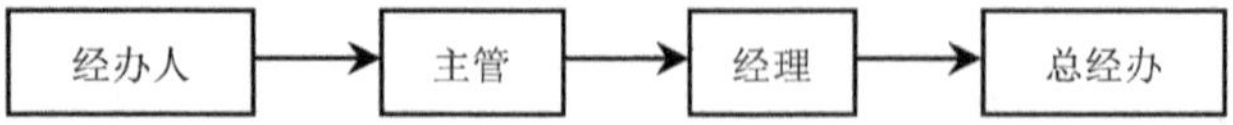

二、工作流程指引

1. 售前服务

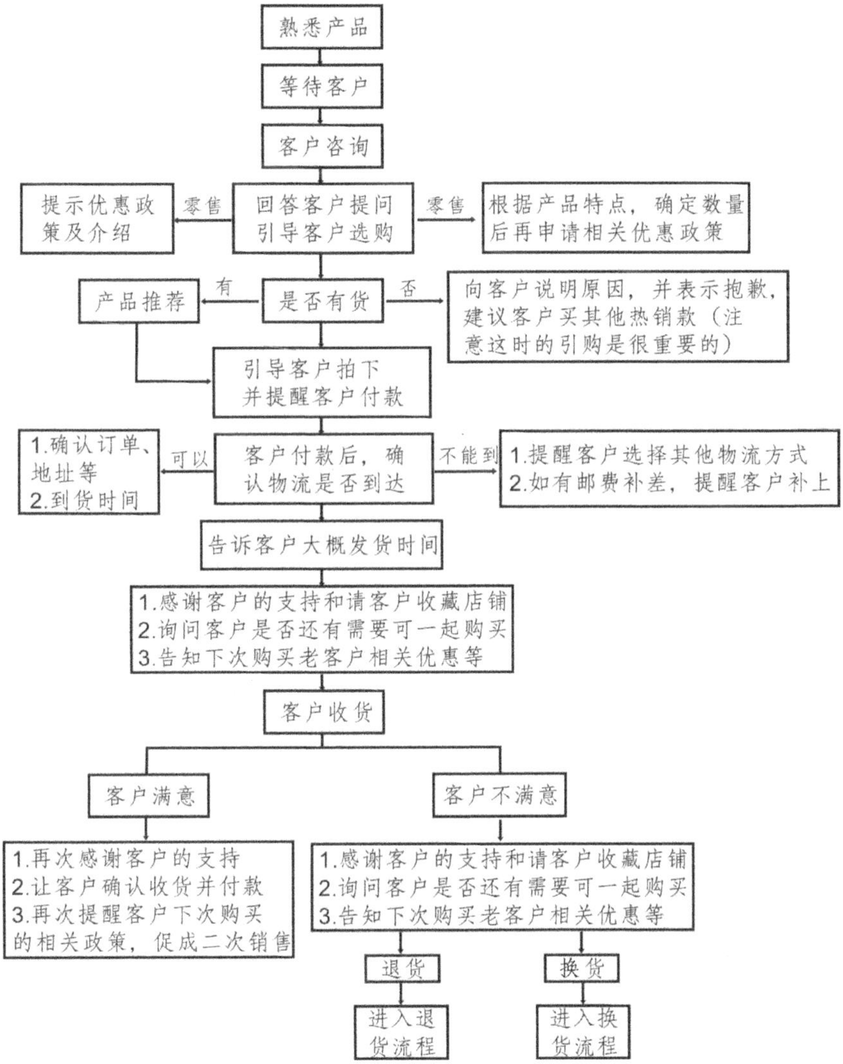

2. 退换货流程

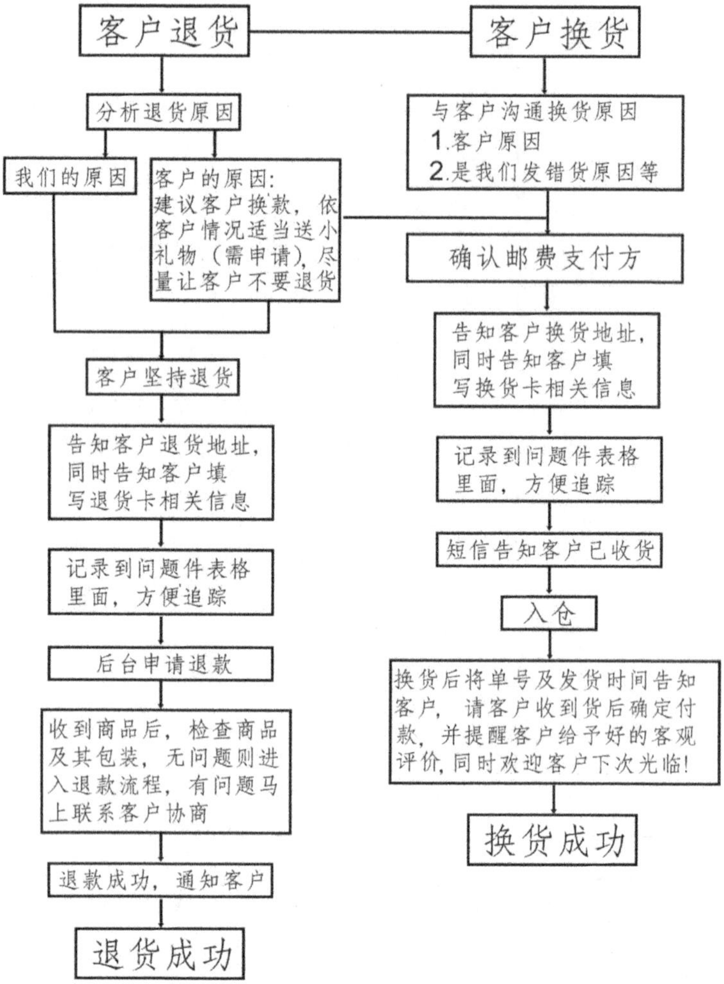
客户退货
客户换货
分析退货原因
我们的原因
客户的原因:
建议客户换款，依客户情况适当送小礼物（需申请），尽量让客户不要退货
客户坚持退货
告知客户退货地址，同时告知客户填写退货卡相关信息
记录到问题件表格里面，方便追踪
后台申请退款
收到商品后，检查商品及其包装，无问题则进入退款流程，有问题马上联系客户协商
退款成功，通知客户
退货成功
与客户沟通换货原因
1.客户原因
2.是我们发错货原因等
确认邮费支付方
告知客户换货地址，同时告知客户填写换货卡相关信息
记录到问题件表格里面，方便追踪
短信告知客户已收货
入仓
换货后将单号及发货时间告知客户，请客户收到货后确定付款，并提醒客户给予好的客观评价，同时欢迎客户下次光临！
换货成功

第三节　客服部组织架构及部门在组织中的地位

一、组织架构

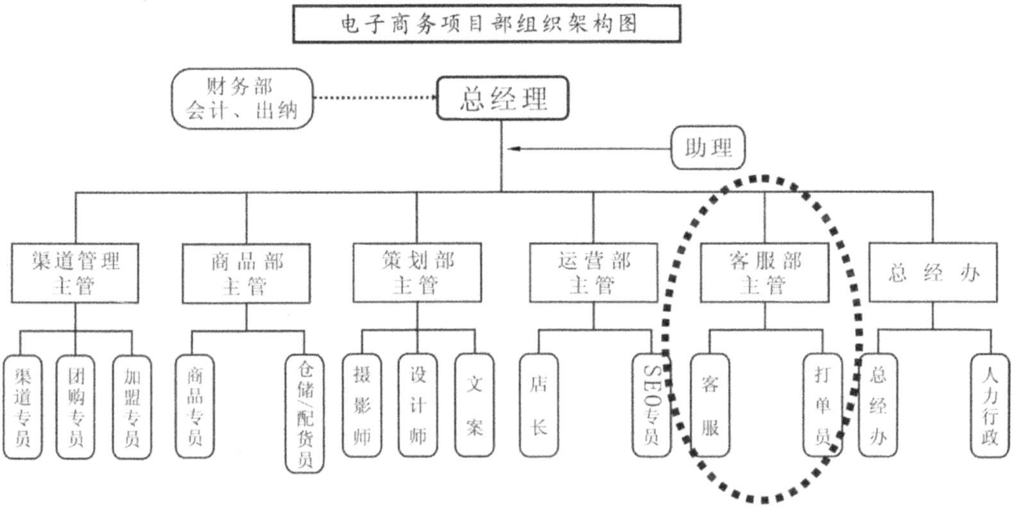

备注：
1.客服人员编制暂订6人，视业务发展速度适时调整编制。
2.打单员办公地点设在仓库。

二、部门在公司中的地位

客服部属于公司独立的业务部门，负责电子商务的客户问题解答、客户关系管理等业务，部门经理直接向总经理负责。

与渠道部、商品部、运营部、策划部、人力资源部属于协作关系。

（客服部由于工作的特殊性，对客服部的工作时间另有要求。）

第四节　客服部各岗位说明书

一、客服经理

<table>
<tr><td rowspan="4">基本情况</td><td>职位名称</td><td>客服经理</td><td>所属部门</td><td>客服部</td><td>职位编号</td><td></td></tr>
<tr><td>职位等级</td><td>初级、中级、资深</td><td>职位类别</td><td>普通</td><td>职位编制</td><td>1人</td></tr>
<tr><td>直接上级</td><td>总经理</td><td>晋升方向</td><td colspan="3">调任同级部门、晋升部门总监</td></tr>
<tr><td>直接下级</td><td>客服专员</td><td>轮转职位</td><td colspan="3">运营经理、渠道经理</td></tr>
<tr><td>职位描述</td><td colspan="6">1．管理客服部，给下级成员提供引导或支持并监督他们的日常活动。
2．推动实施客户服务规范和制度，评价、分析、改进公司的客户服务系统，提高顾客的满意度。
3．处理服务的故障和客户的投诉，对消费者满意度进行跟踪及分析。
4．定期整理搜集客户反馈，进行客户需求分析。
5．全方位优化客户服务质量。
6．建立客服人员的绩效考核制度，制订客户服务框架和流程；对客服人员的日常工作有计划地进行培训、跟踪、指导和考核。</td></tr>
<tr><td rowspan="2">岗位职责</td><td>职责描述</td><td colspan="4">工作任务</td><td>责任</td></tr>
<tr><td colspan="5">1．负责收集客户信息，了解并分析客户需求，规划客户服务方案。
2．负责进行有效的客户管理和沟通。
3．负责建立客户服务团队以及培训客户代表等相关人员。
4．定期或不定期进行客户回访，以检查客户关系维护的情况。
5．负责发展和维护良好的客户关系。
6．负责组织公司产品的售后服务工作。
7．建立客户档案、质量跟踪记录等售后服务信息管理系统。</td><td>全责</td></tr>
<tr><td>职位权限</td><td>工作权限</td><td colspan="5">1．有对产品开发及加单的建议权。
2．有对新顾客关系维护的决策权。
3．有对本部门日常费用的审批权及控制权。
4．有对促销活动产品价格在供货价之上的建议权。</td></tr>
</table>

续表

<table>
<tr><td rowspan="2">职位权限</td><td colspan="2">财务权限</td><td colspan="5">对于顾客退款的审核权。</td></tr>
<tr><td colspan="2">人事权限</td><td colspan="5">有对本部门人员的调配、晋升和招聘及任免的决策权。</td></tr>
<tr><td rowspan="4">职位关系</td><td rowspan="3">内部工作关系</td><td>汇报</td><td colspan="5">向总经理反映部门工作事项。</td></tr>
<tr><td>督导</td><td colspan="5">督促部门制度的执行和通知的下发落实。</td></tr>
<tr><td>协调</td><td colspan="5">协调本部门开展日常工作。</td></tr>
<tr><td colspan="2">外部工作关系</td><td colspan="5">与策划部、渠道部保持沟通。</td></tr>
<tr><td rowspan="5">任职资格</td><td colspan="2">教育经历</td><td colspan="5">本科及以上学历。</td></tr>
<tr><td colspan="2">工作经验</td><td colspan="5">2 年以上相关工作经验。</td></tr>
<tr><td colspan="2">知识技能</td><td colspan="5">具有较强的协调，组织能力。</td></tr>
<tr><td colspan="2">职业素养</td><td colspan="5">具有良好的职业道德，尊重公司制度。</td></tr>
<tr><td colspan="2">其他要求</td><td colspan="5">良好的团队凝聚力。</td></tr>
<tr><td rowspan="2">薪酬标准</td><td colspan="2">计薪方式</td><td colspan="5">□年薪　□月薪　□计件　□底薪加计件　□底薪加提成
□其他</td></tr>
<tr><td colspan="2">工资等级</td><td></td><td>工资标准</td><td>按薪资制度</td><td>津贴福利</td><td>出差补贴</td></tr>
<tr><td rowspan="4">绩效重点</td><td colspan="6">主要绩效指标</td><td>绩效标准</td></tr>
<tr><td colspan="6">指导、组织各分部门主管完成所制订的销售目标。</td><td>50%</td></tr>
<tr><td colspan="6">公司内部衔接工作。</td><td>20%</td></tr>
<tr><td colspan="6">公司上下级的工作处理。</td><td>30%</td></tr>
<tr><td rowspan="5">其他</td><td colspan="2">工作地点</td><td colspan="5">办公室或仓库</td></tr>
<tr><td colspan="2">工作时间</td><td colspan="5">8:00～17:30</td></tr>
<tr><td colspan="2">工作性质</td><td colspan="5">全职</td></tr>
<tr><td colspan="2">使用设备</td><td colspan="5">公司提供</td></tr>
<tr><td colspan="2">劳动条件</td><td colspan="5"></td></tr>
</table>

二、客服主管

<table>
<tr><td rowspan="4">基本情况</td><td>职位名称</td><td>客服主管</td><td>所属部门</td><td>客服部</td><td>职位编号</td><td></td></tr>
<tr><td>职位等级</td><td>初级、中级、资深</td><td>职位类别</td><td>普通</td><td>职位编制</td><td>1人</td></tr>
<tr><td>直接上级</td><td>客服经理</td><td>晋升方向</td><td colspan="3">调任同级部门、晋升部门经理</td></tr>
<tr><td>直接下级</td><td>客服专员</td><td>轮转职位</td><td colspan="3">无</td></tr>
<tr><td>职位描述</td><td colspan="6">1. 及时发现问题，解决问题，给一线员工提供在线支持。
2. 协助经理进行部门的日常管理。
3. 有效监督、执行部门的管理标准、业务流程和各项规章制度。
4. 负责员工业务辅导，对员工进行绩效考核。
5. 负责与相关业务部门协调，完善服务流程规范和服务系统。
6. 负责解决客户投诉，提高客户满意度。</td></tr>
<tr><td rowspan="3">岗位职责</td><td colspan="5">1. 负责客服部的销售数据分析，退换货的数据统计，售前业绩指标的分解。</td><td rowspan="3">全责</td></tr>
<tr><td colspan="5">2. 制订客户服务标准、流程，合理安排客服人员工作班次。</td></tr>
<tr><td colspan="5">3. 协调与各部门的工作衔接及配合，带领团队完成公司下达的销售任务。</td></tr>
<tr><td rowspan="3">职位权限</td><td>工作权限</td><td colspan="5">1. 有对产品开发及加单的建议权。
2. 有对新、老顾客关系维护的建议权。
3. 有对本部门日常费用的审批权及控制权。
4. 有对促销活动产品价格的建议权。</td></tr>
<tr><td>财务权限</td><td colspan="5">有对顾客退款的审核权。</td></tr>
<tr><td>人事权限</td><td colspan="5">有对客服的调配、晋升和招聘及任免的决策权。</td></tr>
<tr><td rowspan="4">职位关系</td><td rowspan="3">内部工作关系</td><td>汇报</td><td colspan="4">向客服经理反馈工作情况。</td></tr>
<tr><td>督导</td><td colspan="4">督查每日工作事项。</td></tr>
<tr><td>协调</td><td colspan="4">协调售前、售中、售后客服之间的工作。</td></tr>
<tr><td colspan="2">外部工作关系</td><td colspan="4">与商品部、策划部保持良好沟通。</td></tr>
</table>

续表

任职资格	教育经历	中专及以上学历。				
	工作经验	2年以上。				
	知识技能	熟悉电脑的操作，打字速度快。				
	职业素养	具备敬业爱岗的道德素质。				
	其他要求	良好的团队凝聚力。				
薪酬标准	计薪方式	□年薪　□月薪　□计件　□底薪加计件　□底薪加提成　□其他				
	工资等级		工资标准	按薪资制度	津贴福利	出差补贴
绩效重点	主要绩效指标					绩效标准
	业绩目标达成情况。					50%
	店铺人员货品流失情况。					10%
	活动推广及日常工作跟进。					40%
其他	工作地点	办公室				
	工作时间	不定				
	工作性质	全职				
	使用设备	公司提供				
	劳动条件					

三、售前客服

基本情况	职位名称	售前客服	所属部门	客服部	职位编号	
	职位等级	初级、中级、高级	职位类别	普通	职位编制	视情况而定
	直接上级	客服主管	晋升方向	部门主管		
	直接下级	无	轮转职位	售中客服、售后客服		
职位描述	1. 能熟练使用旺旺聊天工具与客户沟通，解决客户在购买过程中遇到的问题。 2. 具有客户服务意识，良好的团队协作精神，能承受一定的工作压力。					

续表

<table>
<tr><td rowspan="2">岗位职责</td><td colspan="2">职责描述</td><td colspan="4">工作任务</td><td>责任</td></tr>
<tr><td colspan="2">售前客服</td><td colspan="4">1．通过淘宝旺旺、拍拍多客服等工具，进行网上销售工作。
2．处理订货信息，处理客户要求，修改价格。
3．服务好顾客，促成交易的成功。</td><td>全责</td></tr>
<tr><td rowspan="3">职位权限</td><td colspan="2">工作权限</td><td colspan="5">1．有对产品开发的建议权及加单的建议权。
2．有对新、老顾客关系维护的建议权。
3．有对促销活动产品价格的建议权。</td></tr>
<tr><td colspan="2">财务权限</td><td colspan="5">对顾客退款的审核权。</td></tr>
<tr><td colspan="2">人事权限</td><td colspan="5">无</td></tr>
<tr><td rowspan="4">职位关系</td><td rowspan="3">内部工作关系</td><td>汇报</td><td colspan="5">向客服经理反映店铺工作事项。</td></tr>
<tr><td>督导</td><td colspan="5">督促制度执行和通知的下发落实。</td></tr>
<tr><td>协调</td><td colspan="5">协调店铺开展日常工作。</td></tr>
<tr><td colspan="2">外部工作关系</td><td colspan="5">协调与外部门的工作联系。</td></tr>
<tr><td rowspan="5">任职资格</td><td colspan="2">教育经历</td><td colspan="5">高中及以上学历。</td></tr>
<tr><td colspan="2">工作经验</td><td colspan="5">一年以上相关工作经验。</td></tr>
<tr><td colspan="2">知识技能</td><td colspan="5">熟悉电脑操作，打字速度快。</td></tr>
<tr><td colspan="2">职业素养</td><td colspan="5">具有良好的职业道德，尊重公司制度。</td></tr>
<tr><td colspan="2">其他要求</td><td colspan="5">良好的团队凝聚力。</td></tr>
<tr><td rowspan="2">薪酬标准</td><td colspan="2">计薪方式</td><td colspan="5">□年薪　□月薪　□计件　□底薪加计件　□底薪加提成　□其他</td></tr>
<tr><td colspan="2">工资等级</td><td></td><td>工资标准</td><td>按薪资制度</td><td>津贴福利</td><td>出差补贴</td></tr>
<tr><td rowspan="4">绩效重点</td><td colspan="6">主要绩效指标</td><td>绩效标准</td></tr>
<tr><td colspan="6">业绩目标达成情况</td><td>50%</td></tr>
<tr><td colspan="6">顾客答疑速度/新客户数量</td><td>40%</td></tr>
<tr><td colspan="6">日常工作跟进。</td><td>10%</td></tr>
</table>

续表

<table>
<tr><td rowspan="5">其他</td><td>工作地点</td><td>办公室</td></tr>
<tr><td>工作时间</td><td>早班 8:30～4:30，晚班 4:30～11:30</td></tr>
<tr><td>工作性质</td><td>全职</td></tr>
<tr><td>使用设备</td><td>电脑</td></tr>
<tr><td>劳动条件</td><td></td></tr>
</table>

四、售中客服

<table>
<tr><td rowspan="4">基本情况</td><td colspan="2">职位名称</td><td>售中客服</td><td>所属部门</td><td>客服部</td><td>职位编号</td><td></td></tr>
<tr><td colspan="2">职位等级</td><td>初级、中级、高级</td><td>职位类别</td><td>普通</td><td>职位编制</td><td>视情况而定</td></tr>
<tr><td colspan="2">直接上级</td><td>客服主管</td><td>晋升方向</td><td colspan="3">部门主管</td></tr>
<tr><td colspan="2">直接下级</td><td>无</td><td>轮转职位</td><td colspan="3">售前客服、售后客服</td></tr>
<tr><td>职位描述</td><td colspan="7">1．主要负责客户已经购买但是还没收到货之间的问题解决，比如查件等事件的处理、跟踪。
2．具有客户服务意识，良好的团队协作精神，能承受一定的工作压力。</td></tr>
<tr><td rowspan="2">岗位职责</td><td colspan="2">职责描述</td><td colspan="4">工作任务</td><td>责任</td></tr>
<tr><td colspan="2">售中客服</td><td colspan="4">1．系统下载订单，处理好审核订单的工作。
2．服务好顾客的售中咨询解答，快递单号的跟踪等。</td><td>全责</td></tr>
<tr><td rowspan="3">职位权限</td><td colspan="2">工作权限</td><td colspan="5">1．有对产品开发及加单的建议权。
2．有对新、老顾客关系维护的建议权。
3．有对促销活动产品价格的建议权。</td></tr>
<tr><td colspan="2">财务权限</td><td colspan="5">对顾客退款的审核权。</td></tr>
<tr><td colspan="2">人事权限</td><td colspan="5">无</td></tr>
<tr><td rowspan="4">职位关系</td><td rowspan="3">内部工作关系</td><td>汇报</td><td colspan="5">向客服经理反映店铺工作事项。</td></tr>
<tr><td>督导</td><td colspan="5">督促制度执行和通知的下发落实。</td></tr>
<tr><td>协调</td><td colspan="5">协调店铺开展日常工作。</td></tr>
<tr><td colspan="2">外部工作关系</td><td colspan="5">协调与外部门的工作联系。</td></tr>
</table>

续表

任职资格	教育经历	高中及以上学历。				
	工作经验	一年以上相关行业经验。				
	知识技能	熟悉电脑操作、打字速度快。				
	职业素养	具有良好的职业道德，尊重公司制度。				
	其他要求	良好的团队凝聚力。				
薪酬标准	计薪方式	□年薪 □月薪 □计件 □底薪加计件 □底薪加提成 □其他				
	工资等级		工资标准	按薪资制度	津贴福利	出差补贴
绩效重点	主要绩效指标					绩效标准
	业绩目标达成情况					50%
	店铺顾客流失情况					40%
	日常工作跟进					10%
其他	工作地点	办公室				
	工作时间	早班 8:30～4:30，晚班 4:30～11:30				
	工作性质	全职				
	使用设备	电脑				
	劳动条件					

五、售后客服

基本情况	职位名称	售后客服	所属部门	客服部	职位编号	
	职位等级	初级、中级、高级	职位类别	普通	职位编制	视情况而定
	直接上级	客服主管	晋升方向	部门主管		
	直接下级	无	轮转职位	售前客服、售中客服		
职位描述	1. 能熟练使用旺旺聊天工具与客户沟通，负责零售产品的客户售后服务。 2. 负责解决交易顾客的投诉及不满，淘宝中差评跟进，售后跟踪回访，维护店铺信誉。 3. 负责退换货问题订单的处理。 4. 具有客户服务意识，良好的团队协作精神，能承受一定的工作压力。					

续表

<table>
<tr><td rowspan="2">岗位职责</td><td colspan="2">职责描述</td><td colspan="5">工作任务</td><td>责任</td></tr>
<tr><td colspan="2">售后客服</td><td colspan="5">1．处理日常的退换货，倾听顾客的抱怨，解决好顾客在购买中出现的各种不满。
2．处理好店铺的中差评的修改，提高店铺的好评率。
3．处理好各种投诉及维权，维护好新老顾客对店铺的支持。</td><td>全责</td></tr>
<tr><td rowspan="3">职位权限</td><td colspan="2">工作权限</td><td colspan="6">1．有对产品开发及加单的建议权。
2．有对新、老顾客关系维护的建议权。
3．有对促销活动产品价格的建议权。</td></tr>
<tr><td colspan="2">财务权限</td><td colspan="6">对顾客退款的审核权。</td></tr>
<tr><td colspan="2">人事权限</td><td colspan="6">无</td></tr>
<tr><td rowspan="4">职位关系</td><td rowspan="3">内部工作关系</td><td>汇报</td><td colspan="6">向客服经理反映店铺工作事项。</td></tr>
<tr><td>督导</td><td colspan="6">督促制度执行和通知的下发落实。</td></tr>
<tr><td>协调</td><td colspan="6">协调店铺开展日常工作。</td></tr>
<tr><td colspan="2">外部工作关系</td><td colspan="6">协调与外部门的工作联系。</td></tr>
<tr><td rowspan="5">任职资格</td><td colspan="2">教育经历</td><td colspan="6">高中及以上学历。</td></tr>
<tr><td colspan="2">工作经验</td><td colspan="6">一年以上相关行业经验。</td></tr>
<tr><td colspan="2">知识技能</td><td colspan="6">熟悉电脑操作、打字速度快。</td></tr>
<tr><td colspan="2">职业素养</td><td colspan="6">具有良好的职业道德，尊重公司制度。</td></tr>
<tr><td colspan="2">其他要求</td><td colspan="6">良好的团队凝聚力。</td></tr>
<tr><td rowspan="2">薪酬标准</td><td colspan="2">计薪方式</td><td colspan="6">□年薪　□月薪　□计件　□底薪加计件　□底薪加提成　□其他</td></tr>
<tr><td colspan="2">工资等级</td><td></td><td>工资标准</td><td>按薪资制度</td><td>津贴福利</td><td colspan="2">出差补贴</td></tr>
<tr><td rowspan="4">绩效重点</td><td colspan="6">主要绩效指标</td><td colspan="2">绩效标准</td></tr>
<tr><td colspan="6">业绩目标达成情况</td><td colspan="2">50%</td></tr>
<tr><td colspan="6">退换货情况处理</td><td colspan="2">30%</td></tr>
<tr><td colspan="6">售后服务投诉率</td><td colspan="2">20%</td></tr>
<tr><td>其他</td><td colspan="2">工作地点</td><td colspan="6">办公室</td></tr>
</table>

续表

其他	工作时间	早班 8:30～4:30，晚班 4:30～11:30
	工作性质	全职
	使用设备	电脑
	劳动条件	

第五节　客服部绩效考核体系

一、管理评核目的

1．制订统一、规范的员工工作标准和行为准则，给予客服部门同事清晰、明确的工作指引，使各代理平台管理更为标准化和规范化。

2．及时、有效检讨管理工作中的不足，便于管理人员和培训管理人员制订调整方案、培训目标和培训规划。

3．公平、公开、公正地实施对部门员工的工作评核，有机结合公司的晋升系统，为同事提供职业发展的空间和平台。

二、管理评核系统内容

人员定期评核，有效提升同事的表现力和工作执行力，同时，结合公司的晋升考评系统（评核、考核、跟进、晋升），为同事创造更好的个人发展规划，为公司的发展储备人才。

三、薪资、抽成和晋升评审表

1．客服部薪资、抽成及 KPI 考核指标表

职位	级别	固定工资	抽成（客单价/元）			KPI 完成指标奖励（元）		
			150 以下	150～300	300 以上	120%	150%	200%
售前客服	无	1500	0.6	1	1.5	1000（团队）	2000（团队）	4000（团队）
售后客服	初级	1750	无	无	无			

续表

职位	级别	固定工资	抽成（客单价/元）			KPI 完成指标奖励（元）		
			150 以下	150～300	300 以上	120%	150%	200%
售后客服	中级	2000	无	无	无	1000（团队）	2000（团队）	4000（团队）
	资深	2300						
主管	初级	1550	0.15	0.3	0.5			
	中级	1600						
	资深	1750						
经理	初级	1850	0.15	0.3	0.5	200	300	600
	中级	2200						
	资深	3000						

2．总体 KPI 晋升考核指标

考核周期	评核分值			
	X＜50	50≤X＜75	75≤X＜95	≥95
季度	罚 300	无	奖 300	奖 500
半年度	降一级	无	奖 300	晋一级
全年度	转岗或请辞	无	晋一级	晋两级或转岗

注：此晋升考核与月度评核挂钩，所取评核分值不是考核周期的平均值，而是考核周期内每月的评核分值。

3．个人奖励机制

个人月度销售数量	资金（不累计）
800 双/件/套	100 元
1200 双/件/套	300 元
1500 双/件/套	400 元
2500 双/件/套	1000 元

说明：

1. 客服的服务评核可每月定期执行，也可以由顾客在接受服务中的感觉对客服做出综合评价，为主管、经理提供清晰的标准和指引。
2. 客服可每月进行业绩评核后，按各个售前客服的销售业绩进行公开评比，促进客服之间的良性竞争氛围，为分公司年度优秀业绩销售的评比提供客观、公正的数据支持。